A Criança na Contemporaneidade e a Psicanálise
Família e Sociedade: Diálogos Interdisciplinares

Departamento de Psicanálise da Criança
Instituto Sedes Sapientiae

A Criança na Contemporaneidade e a Psicanálise

Vol. I Família e Sociedade: Diálogos Interdisciplinares

Maria Cecília Mazzilli Comparato
Denise de Sousa Feliciano Monteiro
(Orgs.)

Casa do Psicólogo®

© 2001 Casa do Psicólogo Livraria e Editora Ltda.
É proibida a reprodução total ou parcial desta publicação, para qualquer finalidade, sem autorização por escrito dos editores.

1ª edição
2001

Editor
Anna Elisa de Villemor Amaral Güntert

Editor de Texto
Dirceu Scali Jr.

Produção Gráfica & Capa
Renata Vieira Nunes

Revisão Gráfica
Isaias Zilli
Sandra Regina de Souza

Editoração Eletrônica
Fábio Silva Carneiro

Dados Internacionais de Catalogação na Publicação (CIP)
(Câmara Brasileira do Livro, SP, Brasil)

A criança na contemporaneidade e a psicanálise: família e sociedade: diálogos interdisciplinares, I / organizadoras Maria Cecília Mazzilli Comparato, Denise de Sousa Feliciano Monteiro. — São Paulo: Casa do Psicólogo, 2001.

Página e rosto: Departamento de Psicanálise da Criança Instituto Sedes Sapientiae.
Bibliografia.
ISBN 85-7396-124-4

1. Família – Aspectos psicológicos 2. Família – Aspectos sociais 3. Pais e filhos 4. Psicanálise infantil I. Comparato, Maria Cecília Mazzilli. II. Monteiro, Denise de Sousa Feliciano. III. Título: Família e sociedade: diálogos interdisciplinares.

01-1170
CDD-618.928917
NLM-WS 350

Índices para catálogo sistemático:
1. Crianças: Família e sociedade: Psicologia infantil: Medicina 618.928917

Impresso no Brasil
Printed in Brazil

Reservados todos os direitos de publicação em língua portuguesa à

Casa do Psicólogo® Livraria e Editora Ltda.
Rua Morato Coelho, 1059 Pinheiros — 05417-011 São Paulo SP Brasil
Tel.: (11) 3034.3600 — e-mail: casadopsicologo@casadopsicologo.com.br

Introdução

Este livro contém os textos das palestras que foram apresentadas no evento *"A organização familiar na contemporaneidade, a criança e a psicanálise"*, promovido pelo Setor de Eventos do Departamento de Psicanálise da Criança do Instituto *Sedes Sapientiae*, nos dias 22 e 23 de outubro de 1999.

Pensar a criança na contemporaneidade: foi o eixo em torno do qual procuramos articular os encontros desse Evento.

Na nossa prática clínica, a compreensão da criança no contexto sociocultural em que vive é essencial. Pensando nos espaços por onde circulam as crianças na nossa cultura, foram surgindo os temas das mesas-redondas: a família, a escola, a rua, o pediatra. Profissionais de diferentes áreas foram convidados para uma troca de experiências, sempre tendo em vista a reflexão sobre a subjetividade infantil na contemporaneidade.

Do diálogo entre psicanalistas, psicólogos, antropólogos, educadores, médicos e jornalistas, resultaram estes textos, cuja leitura consideramos ser de interesse tanto para os que participaram do evento como para o público em geral.

Os textos e debates foram mantidos tais como se apresentaram nas mesas e tal decisão foi tomada pela comissão organizadora, pois foi com grande prazer que relemos a transcrição deles e pudemos repensar as questões discutidas com maior tranqüilidade.

Uma questão que foi mencionada em todas as mesas foi a importância da interdisciplinaridade, da escuta de outros saberes.

Os novos arranjos familiares, as dificuldades de se localizar os lugares do feminino e do masculino na família, as crises de identidade, as depressões infantis, os abusos sexuais da infância, o uso crescente de drogas, essas são algumas das questões levantadas na primeira mesa e que, se não nos levaram a respostas conclusivas, nos alertaram sobre a necessidade de buscar novos modelos de atuação, tanto no que diz respeito a projetos sociais, como no exercício de nossas profissões.

Nas interlocuções entre pediatras e psicanalistas, o que mais se ressaltou foi a dificuldade de escutar o outro e de encontrar o outro humano com seus sofrimentos. Muitas vezes, a utilização de testes, exames de laboratório, técnicas excessivas nos afasta do paciente e não nos permite considerar suas vivências e relações familiares, geralmente responsáveis por seus sofrimentos.

E as doenças psicossomáticas, tema tão antigo quanto Sócrates e ao mesmo tempo tão atual...

E a sexualidade infantil que, cem anos depois de Freud, continua a nos desafiar de maneira tão contundente...

A terceira mesa, com esse nome tão significativo "Menino de rua, menino de casa", que nos comoveu com o relato do padre Júlio Lancelotti sobre os meninos da Febem e nos levou a preparar um documento, em nome desse evento, contra a lei da responsabilidade penal do menor a partir de 16 anos. E o menino de casa, tão protegido, tão defendido do espaço público cada dia mais perigoso e ameaçador, que vai perdendo os vínculos com a comunidade e os sentimentos de solidariedade.

E afinal, após vários pontos levantados pelos expositores sobre educação, escola, pais e profissionais que cuidam da criança, surgiu um pedido do público para que o próximo evento organizado pelo Departamento tivesse como tema a Mídia, principalmente a televisão e o computador.

Esse pedido foi atendido em junho de 2000, no evento "Mentes e Mídia: a criança na era digital", cujas palestras estamos publicando no segundo volume, com o mesmo título deste livro.

Esperando poder transmitir o clima de entusiasmo e de solidariedade presentes entre os membros do Setor de Eventos, expositores, coordenadores de mesas e o público em geral, sempre disponíveis para os trabalhos, entregamos aos nossos leitores o resultado desse esforço, na tentativa de contribuir para uma melhor compreensão da criança de nossos dias.

Maria Cecília Mazzilli Comparato

Nossa homenagem à:

Madre Cristina Sodré Dória (*in memoriam*), uma das fundadoras do *Instituto Sedes Sapientiae "um espaço entre pensamento, atuação e trabalho junto à sociedade"*. Tanto o evento quanto este livro correspondem ao seu anseio de que esta instituição fosse um centro multidisciplinar de reflexão, um lugar permanente de formação e serviços.

Nossos agradecimentos:

A todos os que, com entusiasmo, participaram das mesas – expositores e coordenadores de debates – sempre disponíveis e colaborando, tanto na organização dos temas quanto na revisão dos textos.

Aos colegas, membros do Departamento de Psicanálise da Criança e ao público em geral, que, com sua presença e participação, tornaram possível a realização do evento e do livro.

À Casa do Psicólogo que, através da orientação de Anna Elisa Villemor Amaral Güntert, tornou possível a publicação deste livro.

À diretoria do *Instituto Sedes Sapientiae*, e aos funcionários incansáveis na sua colaboração.

Equipe de Realização:

Setor de eventos do Departamento:

Carmen Sylvia de Barros Pereira Camargo
Christina da Silva Telles Pousada
Denise de Sousa Feliciano Monteiro
Dione Maria Pazzetto Ares
Hadassa Lewin Schkolnik
Leonor de Carvalho Franco
Maria Cecília Mazzilli Comparato
Sônia Maria Chiuratto Dias

Edição e revisão dos debates:

Carmen Sylvia de Barros Pereira Camargo
Denise de Sousa Feliciano Monteiro
Maria Cecília Mazzilli Comparato

Sumário

A Família Atual e o Psiquismo Infantil

1. A estrutura contemporânea da família 17
   Maria Lygia Quartim de Moraes
2. Lugares do feminino e do masculino na família 29
   Maria Rita Kehl
3. A família atual, a constituição subjetiva da
   criança e a psicanálise 39
   Bernardo Tanis
4. Debate 47

A pediatria e a psicanálise: interlocuções

5. O que espera o pediatra do psicanalista?
   E o psicanalista do pediatra? 63
   Leonardo Posternak
6. A doença no corpo: efeitos do contemporâneo
   ou resultado de uma nova leitura 75
   Wagner Ranña
7. Sexualidade infantil: quem tem medo do lobo mau? 89
   Maria Cecília Mazzilli Comparato
8. Debate 97

Menino de rua, Menino de casa

9. Menino de rua 103
   Padre Júlio Lancelotti

10. Menino de casa 115
    Isabel Kahn Marin
11. Debate 125

A CRIANÇA E A EDUCAÇÃO

12. A criança, a escola e o
    processo de aprendizagem 141
    Maria de Fátima Marques Gola
13. Psicanálise e educação 147
    Audrey Setton Lopes de Souza
14. A educação infantil nos
    meios de comunicação 157
    Fernando Rossetti
15. Debate 167

DOS AUTORES 179

1

A ESTRUTURA CONTEMPORÂNEA DA FAMÍLIA

Maria Lygia Quartim de Moraes

1. A importância da interdisciplinaridade

A iniciativa deste diálogo interdisciplinar é da maior importância para todos os que se preocupam com a infância, entendida como a idade da quase que total dependência física e psicológica da criança com respeito aos adultos. Essa especificidade biológica do gênero humano – a longa duração do período da dependência da criança – faz do grupo "natural", constituído pela criança e pelos adultos que cuidam dela, o grande fundamento da sociabilidade humana.

Nesse sentido, a família é uma questão discutida pelos grandes teóricos da Sociologia, como é o caso de Marx e Durkheim. A grande contribuição do marxismo para o tema da família é sua ênfase no caráter histórico e cultural da "família" e nas diferenças entre famílias de ricos e de pobres no capitalismo que já dominava a economia inglesa. Engels, grande parceiro de Marx, é autor do clássico "Origens da família, do Estado e da propriedade privada" em que se reafirma a análise da família como instituição social, historicamente determinada. Mais do que isso, Engels relaciona a divisão sexual do trabalho com a primeira forma de exploração: o homem oprimindo a mulher e tratando-a como sua propriedade privada. As formas familiares atuais mantêm muitos vínculos com as desigualdades entre os sexos.

Durkheim, por sua vez, acentua a importância do vínculo conjugal nas famílias da sociedade ocidental, sua contemporânea. Seus estudos foram utilizados não somente por Freud[1] como também por Jacques Lacan[2] que adota a definição de Durkheim ao conceituar "família" para a "Enciclopedia francesa". Para Lacan, é o termo "família conjugal", atribuído a Durkheim, o mais adequado para exprimir a profunda mudança que conduziu a instituição familiar à sua forma atual, em *que o casamento – que deve ser distinguido da família – prevalece.*"

Isso nos introduz a constituição de um campo de saber sobre a família, inspirado na preocupação iluminista de entender a dimensão cultural das instituições humanas. Chegamos assim ao campo das ciências sociais.

2. Ciências Sociais e família

Ao recusar a definição da família como universal originado em Deus, cabe perguntar sobre as características culturais da família. Questões pertinentes: o que é família? para que serve a família? a família sempre existiu? quem é família? como funciona a família?

Sabemos que várias disciplinas tentam responder essas questões, especialmente a partir de meados do século passado. Um dos grandes méritos do marxismo, nesse sentido, é de ter defendido a historicidade da instituição familiar, contra aqueles que insistiam em apresentá-la como imposição divina, eterna e imutável. O clássico trabalho de Engels[3] *A origem da família, da propriedade privada e do estado* é um dos livros mais utilizados pelo feminismo dos anos setenta, não obstante sua discutível fundamentação científica. A

---

1. Aliás, é bom lembrar a admiração de Freud pelos trabalhos de Durkheim, e o uso que fez de sua teoria sobre os fundamentos sociais da religiosidade.

2. LACAN, Jacques. *Os complexos familiares na formação do indivíduo.* Rio de Janeiro: Jorge Zahar Editores, 2ª reimpressão, 1993. O original é um verbete "A família" escrita para o tomo VIII da *Encyclopédie française,* publicado em 1938.

4. ENGELS, Frederick. *A origem da família, da propriedade privada e do estado.* São Paulo: Ed. Civilização Brasileira, 1977.

antropologia estrutural, inaugurada por Levi-Strauss, também foi muito utilizada pelo feminismo pois reconhecia a dimensão universal da subordinação da mulher ao homem ao afirmar que a troca de mulheres pelos homens é a instituição que inaugura o princípio da troca e da reciprocidade, base dos sistemas de parentesco.

No século XX, com a expansão das cidades e o crescente processo de assalariamento da mulher, também se inicia o rompimento do elo essencial na reprodução da família conjugal: a dependência econômica da mulher ao homem. Daí a importância da autonomia financeira das mulheres, que se exprime bem na palavra de ordem feminista de que "o trabalho liberta". Salário e pílula permitiram o começo da implosão da família tradicional, estudada por Talcott Parsons. Era a família idealizada dos filmes dos anos 1950, nos quais papai ia trabalhar depois de dar um beijo em mamãe, que, com um avental irrepreensível, acenava da porta de casa, enquanto um casal de filhos loiros e saudáveis brincava nos belos jardins das casas sem muros dos subúrbios norte-americanos.

Assim, o modelo da família conjugal, nuclear ou moderna (papai provedor e mamãe dona-de-casa em tempo integral) está sofrendo rupturas por vários lados e algumas destas rupturas nos interessam particularmente.

3. As vias de transformações da família contemporânea

A questão que nos interessa é: quais os aspectos mais importantes das transformações na vida familiar – especialmente intensas nos últimos vinte anos – tendo em vista a criança?

Primeiramente, é preciso ressaltar que estamos falando da família ocidental, fruto não somente do sistema industrial como, e principalmente, fruto do Iluminismo, vale dizer do predomínio dos valores democráticos e igualitários que tornaram possível – diferentemente do que acontece com os fundamentalismos religiosos (o judaísmo, o catolicismo, o islamismo, etc.) – a própria idéia da igualdade de direitos entre os homens e as mulheres.

Não podemos também esquecer as profundas diferenças sociais que marcam nossa sociedade e também marcam a psique daqueles milhares de pessoas que não contam com condições materiais adequadas: habitação, alimentação, saúde e educação.

Nos últimos cinqüenta anos, um conjunto de circunstâncias especialmente relacionadas à crescente urbanização do país e às profundas transformações da economia paulista e brasileira alteraram usos e costumes, projetos de vida e valores. As famílias paulistas da época do predomínio da cafeicultura obedeciam aos padrões de numerosos filhos e casamento indissolúvel. A religião católica, em perfeita consonância com a ordem civil, zelava pela moral cristã através de suas influências nas escolas, nas igrejas, etc. A moral sexual cristã impregnava todas aquelas instituições que deveriam ter moral laica, tornando o catecismo matéria obrigatória, estigmatizando pessoas que se desquitavam e se opondo violentamente ao sexo desligado de fins reprodutivos.

A rapidez das transformações econômicas e o impacto que tiveram sobre o antigo modelo familiar, baseado na complementaridade de papéis, com o pai provedor exclusivo e a mãe dedicando-se aos trabalhos domésticos às crianças, levaram à redefinição dos papéis familiares, com um número de mulheres cada vez maior ingressando no mercado de trabalho. E, como não poderia deixar de ser, o alargamento das experiências femininas para além dos limites domésticos possibilitou o aparecimento de um ativo movimento de mulheres e, no seu seio, um feminismo politicamente ativo.

Por que a referência ao feminismo[4]? Pela importância que teve no processo que vamos estudar: as transformações na família conjugal (ou nuclear). Essas transformações dizem respeito à dinâmica das sociedades industriais que permitiram algumas conquistas essenciais: notável impulso na produtividade econômica e conseqüentemente domínio sobre a "natureza", permitindo, entre outros, o aparecimento da pílula e, mais recentemente, a comprovação do DNA. A expansão das cidades e do assalariamento da mulher permitiram o rompimento do elo essencial na reprodução

---

4. Vide no final do texto bibliografia a respeito.

da família conjugal: a dependência econômica da mulher ao homem. Daí a importância da autonomia financeira das mulheres (a consigna de "o trabalho liberta"). Salário e pílula permitiram o começo da implosão da família tradicional.

Os movimentos feministas, além de seu impacto sobre a própria situação das mulheres, também influíram enormemente para a emergência de novas demandas de direitos relacionados às minorias étnicas e aos homossexuais. Em artigo que analisa os movimentos sociais urbanos no México, Alejandra Massolo ressalta que:

> A subjetividade feminina quanto à experiência de luta é uma dimensão reveladora do processo de construção social de novas identidades coletivas através de conflitos urbanos. Os movimentos urbanos das décadas de 70 e 80 tornaram visíveis e perceptíveis as diferentes identidades coletivas de segmentos das classes populares. As mulheres faziam parte da produção social dessa nova identidade coletiva – partindo de suas bases territoriais diárias transformadas em bases para sua ação coletiva. Elas conferiram ao processo de construção da identidade coletiva a marca de múltiplos significados, motivações e expectativas do gênero feminino, um conjunto complexo de significados encontrados nos movimentos urbanos, mesmo quando as questões de gênero não são explícitas e quando seus quadros constitutivos são mistos e os homens assumem a liderança.[5]

---

5. *Por amor y coraje: Mujeres en movimientos urbanos de la Ciudad de México:* El Colegio de México, 1999, p. 338. *e apud* CASTELLS, Manuel. *O poder da identidade.* Vol. 2 da coleção A era da informação: econômica, sociedade e cultura, São Paulo: Paz e Terra, 1999, p. 224.

4. As transformações da família contemporânea: algumas estatísticas

Se bem que nosso interesse específico seja a família paulista não deixa de ser interessante notar a homogeneização nos tipos de família que vêm ocorrendo em todas as partes do país e do mundo ocidental. Analisando dados sobre a evolução das famílias americanas, Manuel Castells comenta que:

> Assim o "modelo" de família de núcleo patriarcal é uma realidade para pouco mais de um quarto dos lares norte-americanos e a versão mais tradicional do patriarcalismo, ou seja, a lares de casais legalmente casados e com filhos em que o único provedor é o marido, enquanto que a esposa se dedica ao lar em tempo integral, a proporção cai para 7% do número total de lares(...)[6]

No Estado de São Paulo, mesmo nas áreas rurais a diminuição do tamanho das famílias acompanha as tendências das famílias paulistanas... Na verdade, o comportamento sociodemográfico do conjunto da população do Estado apresenta a mesma tendência de redução do tamanho da família, crescimento do número de famílias chefiadas por mulheres, novos arranjos familiares e envelhecimento da população.

Observando a distribuição das famílias por tipo de família e sexo do chefe em São Paulo, podemos constatar a notória assimetria entre homens e mulheres (Vide tabela "Distribuição das famílias, segundo sexo do chefe e tipo de família". Estado de São Paulo, RMSP e Interior – SEADE/ PCV-1998). Enquanto cerca de 59% das mulheres são chefes de família e vivem com filhos, apenas 3% dos homens experimentam a mesma situação. Cerca de 80% dos homens chefes de família vivem casados (sendo que deste total cerca de 72% com filhos e parentes) e apenas 5% vivem sós. Cerca de 26% das mulheres, em comparação, vivem sós. Esses dados re-

---

6. CASTELLS, op. cit., p. 261.

ferem-se ao conjunto do Estado mas a diferença entre a RMSP e o Interior são mínimas.

Quando agregamos os dados sobre a renda auferida nos diversos tipos de família, as diferenças entre homens e mulheres comprovam as desvantagens femininas: as mulheres chefiam a maior parte das famílias pobres e a menor parcela das famílias ricas. Tomando como base as porcentagens relativas ao interior de cada tipo de família, segundo o sexo do chefe, isto é, estabelecendo comparações no interior de cada classe, podemos observar que, enquanto mais de 33,5% dos chefes mulheres situam-se na menor classe de renda (até 3 salários mínimos) apenas 16% dos chefes homens encontram-se nessa situação.

A maior fragilidade dos lares chefiados por mulheres tem a ver exatamente com as dificuldades em se conciliar tarefas domésticas e especialmente cuidados maternos com uma vida profissional em tempo integral. Tomando o conjunto das mulheres chefes de família vemos que cerca de 48% não trabalha, um pouco abaixo da taxa de participação das mulheres no Estado de São Paulo que se situa em torno de 51%. Ora, são exatamente as chefes mães de crianças pequenas aquelas que apresentam maior taxa de participação (65,3%) enquanto que 60,2% das mulheres cônjuges com filhos na mesma faixa etária encontram-se predominantemente em casa, sem trabalhar remuneradamente. Esses dados são indicadores importantes para a formulação de políticas sociais, especialmente aquelas voltadas para o fornecimento de equipamentos coletivos, como creches, jardins da infância, parquinhos e outras formas de cuidados alternativos às crianças.

5. *Transformação e persistência*

A mais evidente manifestação da "crise da família": novos arranjos familiares e as mudanças nas relações entre homens e mulheres.

A crise dos padrões de "ser homem" e "ser mulher" (a possibilidade da felicidade sem a maternidade, vale dizer, uma ressignificação do valor da maternidade); os novos relacionamentos sexo-afetivos e seu impacto sobre a vida familiar. Os valores individualistas e universalistas apontam para o casal DINK (Double Income No Kids) fechado em seu narcisismo, como sugere a análise de Giddens. Além disso, a reivindicação dos casais homossexuais também levanta questionamentos sobre as novas formas de "parentalidade". Finalmente, as conseqüências das famílias refeitas: a separação entre papéis conjugais e papéis parentais, alterando uma base fundamental das diferenças entre ser homem e ser mulher.

Mas, apesar das mudanças, a família continua sendo o *locus* da reprodução e de desempenho dos papéis conjugais e parentais e a principal correia de transmissão dos sistemas culturais. Não obstante a abertura no leque das oportunidades de trabalho e de vida, as mulheres ainda são as principais responsáveis pelas crianças e as "mães sós" constituem quase que 25% das situações familiares em São Paulo, no final do milênio. As creches e outras formas de socialização precoce não preenchem as demandas afetivas da criança e o dilema do trabalho *versus* maternidade ainda atormenta as mulheres.

6. Bibliografia

BLEICHMAR, Emilce. Gênero e sexo: sua diferenciação e lugar no Complexo de Édipo. In: *O feminismo espontâneo da histeria*. Porto Alegre: Artes Médicas, 1988.

GIDDENS, Anthony. *A transformação da intimidade: sexualidade, amor e erotismo nas sociedades modernas*. São Paulo: Editora UNESP, 1993.

KEHL, Maria Rita. O espaço doméstico e a sexualidade da mulher. In: *A mínima diferença. Masculino e feminino na cultura*. Rio de Janeiro: Imago, 1966.

MITCHELL, J. Mulheres: a revolução mais longa. *Revista Civilização Brasileira*. Rio de Janeiro n. 13, 1968.

MORAES. Maria L. Quartim de. *A experiência feminista dos anos setenta*. São Paulo: Textos UNESP, 1990.

SARTI, Cynthia. A Panorama of brazilian feminism. In: *New Left Review*. Campinas n. 173, p. 75-90, 1989.

7. Anexos

Tabela 1

Distribuição das Famílias, por Sexo do Chefe, segundo Faixas de Renda Familiar Total. Estado de São Paulo, Região Metropolitana de São Paulo e Interior — 1998.
Em porcentagem

Faixas de Renda e Sexo do Chefe	Estado	RMSP	Interior
Total	100,0	100,0	100,0
Até 3 SM	19,9	19,7	20,2
3 a 5 SM	17,1	17,0	17,3
5 a 10 SM	27,3	26,6	28,5
Mais de 10 SM	35,6	36,6	34,0
Renda Média	*1648*	*1791*	*1419*
Masculino	100,0	100,0	100,0
Até 3 SM	15,9	15,4	16,7
3 a 5 SM	16,8	16,8	16,9
5 a 10 SM	28,6	27,7	29,9
Mais de 10 SM	38,7	40,0	36,6
Renda Média	*1811*	*1995*	*1525*
Feminino	100,0	100,0	100,0
Até 3 SM	33,5	34,0	32,7
3 a 5 SM	18,1	17,6	18,9
5 a 10 SM	23,2	22,9	23,7
Mais de 10 SM	25,2	25,5	24,7
Renda Média	*1089*	*1120*	*1036*

Fonte: Fundação Seade. Pesquisa de Condições de Vida – PCV – 1998.
Nota: Inflator utilizado – ICV do DIEESE. Valores em salários mínimos de outubro de 1999.

Os dados da tabela 2 permitem observar as mesmas incidências tomando como base o total das famílias e, dentro delas a participação proporcional de cada tipo, segundo o sexo do chefe.

Tabela 2

Distribuição das Famílias, por Sexo do Chefe, segundo Faixas de Renda Familiar Total.
Estado de São Paulo, Região Metropolitana de São Paulo e Interior — 1988

Em porcentagem

Faixas de Renda e Sexo do Chefe	Estado	RMSP	Interior
Total	100,0	100,0	100,0
Até 3 SM	19,9	19,7	20,2
3 a 5 SM	17,1	17,0	17,3
5 a 10 SM	27,3	26,6	28,5
Mais de 10 SM	35,6	36,6	34,0
Renda Média	1648	1791	1419
Masculino	77,3	76,7	78,4
Até 3 SM	12,3	11,8	13,1
3 a 5 SM	13,0	12,9	13,2
5 a 10 SM	22,1	21,3	23,4
Mais de 10 SM	29,9	30,7	28,7
Renda Média	1811	1995	1525
Feminino	22,7	23,3	21,6
Até 3 SM	7,6	7,9	7,1
3 a 5 SM	4,1	4,1	4,1
5 a 10 SM	5,3	5,4	5,1
Mais de 10 SM	5,7	6,0	5,3
Renda Média	1089	1120	1036

Fonte: Fundação Seade. Pesquisa de Condições de Vida -- PCV – 1998.
Nota: Inflator utilizado - ICV do DIEESE. Valores em salários mínimos de outubro de 1999.

2

LUGARES DO FEMININO E DO MASCULINO NA FAMÍLIA

Maria Rita Kehl

Boa noite. Quero começar agradecendo à Cecília Comparato pelo convite, que significa a oportunidade de discutir entre psicanalistas assuntos que me interessam muito. Também sou grata à organização desta mesa por ter me colocado para falar depois da Maria Lígia Quartim de Moraes, porque já é meio caminho andado. É sempre bom para a psicanálise escutar um pouco destes outros saberes que vêm da sociologia, da antropologia, e que nos ajudam a contextualizar um pouco estes conceitos que imaginamos como tão universais – complexo de Édipo, masculinidade e feminilidade, etc. O que a Maria Lígia acabou de falar nos ajuda a entender o caráter histórico do sujeito da psicanálise, e como as estruturas que nos parecem eternas foram constituídas socialmente.

Já faz algum tempo que combinamos esta mesa-redonda, e na época aceitei falar sobre os lugares do masculino e do feminino na família. Mas à medida que pensava no assunto, fui concluindo que não sei mais que lugares são estes. Também já não sei se é possível se falar em identidades sexuais. A psicanálise, ao pensar o sujeito, não propõe exatamente uma identidade; ninguém é idêntico a seu sexo (biológico), à sua "raça", nem a seu grupo sociocultural, e nem mesmo a si próprio. Cada sujeito é, ao mesmo tempo, único em sua singularidade, e dividido quanto a seu desejo. Quanto aos lugares masculinos e femininos na família, penso em primeiro lugar que estes lugares não coincidem, necessariamente, com os lugares onde estão os homens e as mulheres. Estes lugares circulam, talvez muito mais intensamente hoje do que na época em que a família, tal como a conhecemos, se constituiu. Dividir a família em papéis também não nos ajuda muito. É verdade que tendemos sempre a reproduzir a família com seus papéis tradicionais – pai, mãe, filhos – mas não necessariamente estes papéis são desempenhados pelas pessoas que, na estrutura de parentesco, correspondem a pai, mãe, filhos. O máximo que podemos pensar é que, se existir em algum lugar um pai que faça esta função, e uma mãe idem, a família estrutura edipicamente o sujeito; é nessa estrutura chamada família que a criança vai se indagar sobre o desejo que a constituiu, sobre o desejo do Outro, e vai se deparar com seu próprio desejo; é neste atravessamento que ela vai se tornar um ser de linguagem, barrado em relação ao gozo do Outro. E no que diz respeito ao masculino e ao feminino, é no atravessamento edípico que o sujeito vai se sexuar como homem ou como mulher – ou, como brinca Lacan, constituir uma certeza sobre em que porta de banheiro, "damas" ou "cavalheiros", ele deve entrar.

Lacan não vai muito além da brincadeira sobre as portas de banheiro para definir a sexuação, e é muito interessante que ele coloque este limite tão simplório ao conceito, mas um limite que indica que a identidade sexual se define no campo da linguagem, e não do corpo. A identidade sexual é uma certeza subjetiva, imaginária como todas as certezas, e que não corresponde necessariamente ao sexo biológico. Também não corresponde obrigatoriamente à orientação sexual. Mas saber em que porta de banheiro se deve entrar, desde pequenininho, é fundamental para inserir o sujeito em qualquer cultura. Na nossa cultura, contemporaneamente, esta certeza adquire uma importância ainda maior. É que a cultura ocidental moderna rompeu com muitos dos laços tradicionais que conferiam uma pertinência ao sujeito, e conseqüentemente uma certeza sobre o ser. A mobilidade social própria das modernas sociedades democráticas destituiu o peso da origem familiar, da posição de cada um dentro da própria família, da filiação religiosa, etc., como capazes de definir o que o sujeito é. O sujeito da psicanálise é alguém que precisa constituir, ao longo da vida, aquilo que ele um dia será. Mas ainda restam duas certezas subjetivas sobre as quais se apóia o ser: a filiação e a sexuação. As duas estão relacionadas à estrutura familiar. Ser filha de fulano e sicrana é um dado que me define pelo resto da vida, independente da relação que eu vá desenvolver com estes que me deram a vida. Do mesmo modo, ser homem ou ser mulher é uma certeza que, a partir do momento em que se instala, torna-se parte do nosso ser, e custa um preço muito alto para se alterar. Não é à toa que estes dados são os primeiros inscritos nos nossos documentos de identidade.

Até aí vai o que a família pode fazer pelo que há de estável no sujeito: sexuação e filiação. Bom, a família também é, de certa forma, responsável pelo sintoma de cada um, mas eu devo voltar a isto logo mais.

Na segunda metade deste século, fala-se cada vez mais em uma crise na família ocidental como responsável por uma certa desestruturação da cultura burguesa, sobretudo no que diz respeito ao comportamento das crianças e dos adolescentes. Estes comentários baseiam-se no pressuposto de que algum dia existiu uma família estável e boa, que oferecia amparo, segurança e bons padrões de moralidade às crianças; hoje esta família estaria abalada, produzindo crianças angustiadas, crianças sintomáticas ou, ainda, crianças delinqüentes, anti-sociais. Quero pelo menos colocar em dúvida este pressuposto, já que a psicanálise tem como tarefa questionar sempre o que se estabelece como senso comum.

Vamos nos lembrar de que quando Freud começou a escutar o sintoma e o sofrimento das histéricas, quando começou a perceber as inibições tremendas dos obsessivos, quando começou a se dar conta de que o superego não forma necessariamente sujeitos morais – pode produzir, por exemplo, delinqüentes por sentimento de culpa – quero dizer, quando Freud percebeu a enorme quantidade de manifestações de sofrimento psíquico, de desajuste emocional, de mal-estar, etc., a família nuclear burguesa estava em pleno apogeu. Nada mais estruturado do que a família vitoriana do final do século XIX, quando Freud descobriu o sintoma neurótico e inventou a psicanálise. Esta foi a família que produziu o sofrimento neurótico que se manifestou por toda a Europa recém-industrializada, de forma gritante, até a invenção da psicanálise como escuta e tentativa de resposta a este mal-estar crescente. Assim, precisamos começar desidealizando a tal família estável e estruturada como lugar que produz conforto psíquico e boa formação para as crianças.

Esta família estruturada tem sua patologia – embora a família "desestruturada" também tenha, e mais tarde pretendo falar cinco minutos sobre ela; faço questão das aspas, porque o que eu vejo são novas estruturas se formando e não, como diriam as pesquisas superficiais divulgadas pelos telejornais, uma desestruturação pura e simples das formações familiares.

Enfim: a família estruturada produziu a histeria e a neurose obsessiva como sintomas emergentes do mal-estar no final do século XIX. A histeria como sintoma do desajuste das mulheres em relação ao lugar que lhes era destinado, e também em relação a um ideal de feminilidade impossível de se habitar. A neurose obsessiva como sintoma da impossibilidade de um homem afirmar sua virilidade e ao mesmo tempo submeter-se à autoridade do chefe da família patriarcal, tal como esta estava constituida. Além disso, a família estruturada produziu a fixação edipiana dos filhos à mãe, que não é a mesma coisa que o atravessamento do complexo de Édipo. Não é obrigatório que a passagem pelo Édipo produza fixação dos filhos à mãe. Mas para sustentar o lugar da mãe de família burguesa como rainha do lar, que era uma necessidade da sociedade capitalista emergente, produziu-se uma enorme quantidade de saberes – filosóficos, médicos, literários, desde Rousseau, no século XVIII – que insistiam sobre a "natureza" feminina como estreitamente definida pelas funções reprodutivas das mulheres.

Quando, há mais de cem anos, a filosofia vinha definindo o homem como um ser de razão, as mulheres continuavam sendo insistentemente atadas às suas funções naturais, e significadas como seres de natureza a ser submetidas, evidentemente, à razão do chefe de família, dada sua suposta incapacidade intrínseca de tomar decisões sérias por si mesma. A razão não é portanto um atributo humano e sim um atributo masculino. As mulheres, seres de natureza, estavam destinadas à função sagrada (como é que uma função "natural" pode se tornar sagrada? astúcias da ideologia!) de procriar e criar filhos. Claro que esta função era extremamente valorizada e prestigiada, e as mulheres não se submetiam a seu lugar social à força, e sim voluntariamente. Se não fosse assim, não haveria conflito psíquico e sim conflito social.

Tudo isto é muito sabido, está na História da Vida Privada, na História das Mulheres, etc. As mulheres praticamente não existiam como seres de cultura, como sujeitos da ação na *pólis*, e o único significante que as identificava era o significante *mãe*. Foi o que Freud percebeu, embora não tenha percebido a circunstância social que provocou esta limitação das mulheres, porque estava mergulhado nela. Foi o que Lacan percebeu também, quando escreveu provocativamente que "não existe A Mulher" mas existe, sim a Mãe. Para tornar-se mãe a mulher atravessa o Édipo e constitui sua sexualidade, para isto luta contra suas "tendências masculinas" (como se o falo fosse um atributo reservado aos homens e não um símbolo, ou seja, simultaneamente de todos e de ninguém), para isto "aceita" a castração e investe na esperança de um falo-filho como seu prêmio de consolação (mas as formas imaginárias do falo não são sempre, para todos, prêmios de consolação diante da perda irremediável da posição de *ser o falo para o Outro?*). Ou seja, para a psicanálise, já que a mulher não pode possuir um pênis, vai investir tudo na obtenção de um falo-filho; mas para isto ela depende do amor de um homem, do casamento. Portanto, seu único lugar é na família, seu único destino é a maternidade e seu grande avatar é o amor; mas a mulher não ama para gozar deste amor, isto é que é terrível na teoria freudiana. "A mulher freudiana é aquela que diz 'obrigada' ao homem", disse em algum lugar a psicanalista Colete Soller. Ela ama para se tornar mãe. Está claro, então, como é que se produz a fixação dos filhos à mãe.

Freud não está sendo machista ao escrever estas coisas; está simplesmente ouvindo e observando as mulheres que chegam à sua clínica. O interessante é que no fim da vida ele vai observar, muito espantado – isto está na conferência de 1933 sobre A Feminilidade – que um homem de trinta anos parece jovem, "inacabado", com muito futuro pela frente, enquanto uma mulher da mesma idade já está cristalizada em sua personalidade, sua libido já "ocupou posições definitivas", ou seja, elegantemente ele está dizendo que a mulher de 30 parece muito mais velha que um homem da mesma idade. E Freud justifica esta observação dizendo que a "árdua evolução em direção à feminilidade" teria esgotado todas as forças desta mulher. Mas quem examinar bem as trajetórias do Édipo para a menina e o menino verá que a "operação a mais" que a menina teria que fazer não parece tão exaustiva assim. O que acontece é que uma mulher de trinta anos, até a primeira metade deste século, não tinha mesmo mais o que fazer com sua libido, nem tinha mais para onde desenvolver sua personalidade. Ela chegou aonde tinha que chegar, identificada ao significante *mãe*. A partir daí, ela encontra o fim da linha.

Por isto é que pensar o sujeito como constituído numa *identidade* é muito problemático. Pensar a mulher como apoiada na identificação a um único significante é o mesmo que justificar que ela precisa fixar os filhos a ela pelo resto da vida. A patologia do complexo de Édipo, portanto, é uma patologia das mães agarradas à sua tentativa de garantir uma "identidade". Mas os sujeitos portam vários traços identificatórios, constituídos a partir dos vários campos em que circulam e dos vários investimentos libidinais que fazem ao longo da vida, inclusive no "outro" campo (os homens portam traços de identificação com atributos tidos como femininos e vice-versa para as mulheres).

Desde os *Estudos sobre a histeria*, de 1895, Freud observava a possibilidade dessas identificações fora do campo da chamada identidade sexual. Ele lamenta que muitas das histéricas que escutou fossem mulheres inteligentes, talentosas, freqüentemente identificadas a seus pais e dotadas de muitas capacidades inadequadas para seu sexo, e escrevia: que pena que uma moça como Elisabeth von R., por exemplo, tivesse que renunciar a seus talentos e desperdiçar suas capacidades em troca da vida de mãe de família que lhe estava socialmente reservada!

A identificação da menina com o pai, que Freud tantas vezes observou como se fosse um desperdício de atributos para uma mulher, era um fenômeno mais ou menos recente no século XIX. É que o pai de família burguês convivia muito mais com os filhos, passava parte de seu tempo no ambiente doméstico, conversava com filhos e filhas. Esta relação de trocas permitiu que também as meninas se identificassem com interesses, capacidades e ideais de seus pais.

Ora, esta identificação da menina com o pai é duplamente barrada. Primeiro porque o próprio pai, zeloso da exclusividade do seu lugar masculino, dificilmente reconhece as tentativas de identificação de sua filha. O patriarca tradicional tende a barrar as ousadias "masculinas" de suas filhas. Segundo, porque a menina não tem muito o que fazer com sua identificação com o pai. Não existia um lugar social, um destino, para os atributos "masculinos" das moças. Ora, será que a famosa incapacidade das mulheres em recalcar seu desejo incestuoso pelo pai não é fruto desta impossibilidade social de sublimar o excesso de amor na forma de uma identificação? A identificação é um dos recursos privilegiados de que o sujeito dispõe para sublimar o amor incestuoso; isto também é Freud, está em O ego e o id. Se este recurso é barrado, é provável que a menina regrida novamente a suas posições infantis, incestuosas, demandantes de falo, etc. Não dá para reconhecer a histeria nesta descrição?

Isto no que se refere ao que é um pai, para uma menina. E no que se refere à mãe? A mãe é a única coisa que uma menina pode ser, e esta é uma tarefa quase impossível: ser igual à mãe, sem ser a mãe; o que é muito complicado, porque vocês sabem como é ameaçadora a proximidade da menina com a mãe, a semelhança de seu corpo com o corpo que lhe deu a vida, etc. Há sempre um sintoma tentando separar a menina de sua mãe, nos casos em que a única coisa que ela pode "ser", na vida, é mãe.

Quanto aos homens, embora eu não pense que homens e mulheres se dividam, estruturalmente, como obsessivos e histéricas, faz sentido seguir a observação freudiana de que até o começo deste século, quando os lugares do masculino e do feminino estavam muito mais nitidamente separados, se encontrasse a neurose obsessiva muito mais do lado dos homens. Como é possível a um homem responder ao duplo imperativo de ser igual ao pai e ao mesmo tempo ocupar o lugar do pai? Como se constituir como herdeiro do pai e suportar a culpa de ter desejado a morte do pai para poder sustentar a própria virilidade? Nosso famoso "homem dos ratos" demonstra bem como a neurose obsessiva é uma tentativa (fracassada) de saída deste impasse.

Passei rapidamente por esta reflexão para dizer que a família estável que tanto idealizamos hoje, quando ela está em decadência, foi o lugar onde se produziram as formas modernas do mal-estar. Mas nós cultivamos uma tremenda dívida para com esta formação familiar, uma dívida que vem de nossa idealização do passado e de nossa nostalgia de um mundo que nos parecia mais seguro, diante das modalidades de desamparo que enfrentamos hoje. Uma dívida que também é produzida pela indústria do imaginário pós-moderno, o cinema e a televisão, que apelam constantemente para a restauração deste modelo idealizado. A indústria cultural se alimenta de nossas idealizações, ela vende sabonetes e refrigerantes para nossas idealizações. Tudo isto nos coloca em dívida, e o peso desta dívida é sentido sobretudo pela mulher que, como disse a Maria Lígia, foi quem mais se deslocou, mais abandonou posições tradicionais neste último século.

Para terminar, quero retomar um ponto que deixei pendente no início de minha fala, que é a questão de uma patologia contemporânea própria dessas formações familiares que, se não são desestruturadas, vivem constantemente endividadas em relação a uma estrutura ideal. Eu tenho a impressão de que o peso desta dívida impede que os adultos de hoje se autorizem, se encarreguem, dos riscos de criar e educar as crianças que lhes cabem criar e educar.

Não importa se se trata de uma mãe solteira com seu único filho, de uma família resultante de cinco casamentos, com dez filhos vindos de todas as uniões anteriores, de um par homossexual que resolveu adotar uma criança; seja como for, cabe aos adultos que assumiram o encargo de uma criança, o risco e a responsabilidade de educá-la e prepará-la para a vida, na medida em que isto é possível. Mas a dívida para com a família perdida nos deprime, nos faz sentir que somos sempre insuficientes como pais, mães e educadores, já que de saída estamos fora do modelo da família tal como "deveria ser". A mesma cultura moderna que nos manda fazer tudo diferente do que nossos pais e mães fizeram – e assim nos mantém ao desabrigo de toda transmissão da experiência – nos diz que o ideal, perdido como todo ideal, era que fôssemos exatamente como nossos pais e mães ou, mais difícil ainda, como nossos avós.

Ficamos assim num lugar muito sem sustentação. A sustentação simbólica perdeu a consistência da tradição, e não conseguimos nos bancar por nossa conta e risco. A patologia típica da família atual não é resultante de que as crianças tenham pais morando em casas diferentes, ou que tenham duas ou mais figuras em posição de fazer função paterna e materna, ou de que falte alguém, na estrutura de parentesco, para fazer de pai ou de mãe (este alguém pode ser encontrado fora da família, como bem sabemos). Para a criança, é muito bom ter contato com "pais" e "mães" diversificados, isto pode ajudá-la a relativizar o poder absoluto d'O Pai e d'A Mãe e a simbolizar, não só a masculinidade e a feminilidade, mas também a autoridade e sobretudo a lei.

A patologia da família que se representa como desestruturada, e aí sim temos algo a dizer sobre a delinqüência de crianças e adolescentes, é que os pais e/ou educadores, em dívida para com a família nuclear conjugal do passado, não conseguem sustentar seu lugar de autoridade e responsabilidade na criação dos rebentos, sejam seus próprios, consangüíneos, ou alheios, vindos de relações anteriores dos cônjuges. Por um lado, as crianças são altamente investidas narcisicamente como única esperança de adultos desgarrados de seu próprio lugar como filhos e herdeiros de algum passado. Também nisto a indústria cultural tem sua responsabilidade; crianças mimadas vendem muito mais brinquedos, sabonetes e refrigerantes. Mas isto complica ainda mais a tarefa dos pais, que se relacionam com os filhos na base de "você é a perfeição (que eu não pude ser)", "você é lindinho", "você merece tudo o que eu puder lhe dar", etc., mas por isso mesmo... "eu não me arrisco a errar com você", "eu não posso frustrar você", "eu não sei o que fazer para educar você porque um dia você pode vir me cobrar que eu fiz errado, e eu não posso errar".

Afinal os adultos também querem se recuperar narcisicamente à custa de seus filhos; na cultura do individualismo e do narcisismo, os filhos são nossa esperança de imortalidade e de perfeição. Ninguém quer errar, ninguém quer se arriscar; portanto, poucos pais sustentam o ato necessário para fazer de seu filho um ser de cultura, um sujeito barrado em seu gozo.

Encontramos na clínica mães e pais que dizem: "eu não consigo tirar as fraldas de minha filha, *ela não deixa!*" "Mas como assim, *ela* não deixa?" Então, esta mãe desautorizada (que não se autoriza) apela para outros saberes: "o pediatra falou para tirar agora, a professora falou para esperar o mês que vem, minha mãe disse que passou do tempo e o psicólogo infantil disse para eu fazer como quiser. O que é que eu faço?"

Reparem que estou me referindo a uma espécie de irresponsabilidade que não é aquela de quem não se importa, de quem renuncia a cuidar da criança, mas o efeito é muito parecido. É o efeito de um abandono, porque a criança passa a ser o critério do adulto: ele só faz o que ela "consente". É um abandono de responsabilidade e de autoridade, pois o que é que funda a autoridade paterna? É uma posição subjetiva sustentada pelo laço simbólico. Quando um pai diz: "eu não admito que você fale assim comigo" (com palavrões e insultos, por exemplo), ele não precisa explicar, ameaçar ou justificar sua posição; ele "não admite", do alto de seu lugar de adulto encarregado daquela criança, e ponto. Ele está dizendo: "eu cuido de você, eu escolhi este encargo e me responsabilizo por ele, eu posso errar aqui e ali mas eu não vou te abandonar". Porque o abandono das crianças mimadas de hoje, das crianças "de família" e não das crianças de rua, é o abandono moral.

Não é porque a mãe trabalha, ou se separou do pai, não é porque um pai cria sozinho os filhos depois de uma separação, ou um casal só tenha os finais de semana para conviver com as crianças, que elas são abandonadas e mal-educadas. O abandono ocorre quando um adulto não banca sua posição diante da criança.

Fora isto, eu diria que em todos os "papéis" os agentes, ou atores, são substituíveis. Por isto é que os chamamos de papéis. O que é insubstituível é um olhar sobre a criança, ao mesmo tempo responsável e desejante, não no sentido de um desejo sexual abusivo, mas o desejo de que esta criança exista e seja feliz na medida do possível; o desejo que confere um lugar a este pequeno ser, e a responsabilidade que impõe os limites deste lugar. Isto é necessário para que elas obtenham um mínimo de parâmetros, inclusive éticos, para se constituir como sujeitos.

3

A FAMÍLIA ATUAL, A CONSTITUIÇÃO SUBJETIVA DA CRIANÇA E A PSICANÁLISE

Bernardo Tanis

Do método

O psicanalista que trabalha com crianças goza de uma situação privilegiada para realizar um dos três aspectos que Freud reputava à psicanálise: **método de pesquisa da subjetividade humana**. Isto se deve a que temos acesso ao sujeito em constituição no contexto de um discurso familiar no qual sua subjetividade advém e nela se organiza.

Estou destacando o aspecto da pesquisa, em relação aos outros dois formulados por Freud, método de tratamento e teoria sobre o sujeito. Isto é fundamental nos dias de hoje. Muitos adotam alguma das teorias produzidas sobre o sujeito, a partir da clínica psicanalítica, como um saber fechado a ser aplicado na experiência clínica. Uma análise mais profunda revela aspectos normativos e reforça os campos das curas psiquiátricas ou os modelos adaptativos e ideológicos destas práticas. Deste modo a psicanálise se esvazia de seu potencial transformador.

Em contrapartida a psicanálise readquire seu poder heurístico, desde nossa perspectiva, como instrumento metodológico. Em outras palavras, não se trata tanto de um saber mas de um **fazer saber** como há muitos anos já dissera Regina Schnaiderman. De orientar uma escuta em relação ao desconhecido do desejo inconsciente. Desejo que não se encontra determinado biologicamente, mas que se constitui como tal num campo relacional em face do próprio corpo e do semelhante. Este vértice é fundamental ao meu ver como ponto de partida para abordar **psicanaliticamente** certos aspectos da contemporaneidade. Isto permitirá o diálogo com a sociologia, a antropologia a história, etc., levando em consideração a singularidade metodológica da psicanálise, evitando efeitos redutores ou culturalistas.

Esta brevíssima consideração metodológica é necessária para avançar no terreno que nos congrega hoje.

A família e o psiquismo infantil

A família ainda é na nossa cultura o lugar privilegiado no qual o bebê humano:

- satisfará suas primeiras necessidades vitais, sofrendo maior ou menor grau de privação;
- efetuará seus primeiros intercâmbios afetivos, responsáveis pela integração psicossomática;
- será objeto de investimento afetivo, modulado por um lugar que ocupa na trama fantasmática dos adultos que o geraram e dele se ocupam;
- emergirá, deste jogo do desejo simbólico, como sujeito a partir das possibilidades determinadas por este campo singular do qual seu grito também contribui para estruturar.

O Édipo, como formulado por Freud e desenvolvido e ampliado pela psicanálise pós-freudiana, encontra na especificidade das **funções maternas e paternas** os elementos fundadores da inserção do *infans* na cultura – desde o vínculo narcísico com a mãe até o reconhecimento da castração simbólica, a diferenciação dos sexos e as saídas identificatórias possíveis.

Desde esta perspectiva, o desejo humano encarna a cultura que o produz ao mesmo tempo em que é produtor dela. Estas idéias aqui apenas indicadas[1] destacam o papel estruturante que a família possui em relação à subjetividade da criança.

---

1. O leitor encontrará o desenvolvimento destas idéias em Tanis, B. *Memória e temporalidade: sobre o infantil na Psicanálise*. São Paulo: Casa do Psicólogo, 1995.

O aprofundamento da clínica psicanalítica e o diálogo com outras disciplinas foi apontando que a elucidação dos fenômenos mentais adquire um grau maior de compreensão quando inclui um contexto mais amplo. Podemos focar um fenômeno e analisá-lo microscopicamente, no entanto uma modificação do ZOOM nos oferece uma nova contextualização do fenômeno, a partir do qual outros vértices de observação podem emergir.

Foram pioneiros os trabalhos do grupo de Palo Alto (nos Estados Unidos) sobre a psicose (teoria do duplo vínculo), e os trabalhos de uma psicologia social psicanalítica de Pichon Rivière e seus discípulos (na Argentina) ao incluir os determinantes familiares na constituição da subjetividade. A influência da antropologia estrutural na obra de Lacan aponta para o importante papel que este outorgara à cultura e à linguagem. Assim como também em alguns de seus discípulos, na psicanálise com crianças vejamos os trabalhos de Dolto e Mannonni. Bion e Winnicott na Inglaterra destacam o papel da mãe ambiente na metabolização das primeiras experiências sensoriais e no nascimento do psiquismo.

A psicanálise ampliou seu escopo. **Vínculos e lugares** passam a desempenhar um papel de destaque. Vamos então focar um pouco mais nosso ZOOM nos elementos que caracterizam a família como grupo singular.

A estrutura familiar reúne um sistema de relações simbólicas e emocionais do qual as dimensões inconscientes e irracionais fazem parte. Para os que quiserem se aprofundar remeto vocês a Isidoro Berenstein[2], psicanalista que tem dedicado grande parte da sua obra ao estudo da família.

Esta estrutura se caracteriza, segundo este autor, por:
1. Um sistema de parentesco que dispõe de lugares simbólicos.
2. Um discurso falado que organiza estes lugares.

Neste interjogo complexo pode-se distinguir:
a) relação com os objetos internos;
b) relação com outros;
c) relação com o lugar simbólico.

---
2. Berenstein, I. *Família e doença mental*. São Paulo: Escuta, 1988.

Este modelo aponta a singularidade dos vínculos atuais de uma família como dos lugares instituídos transgeracionalmente. Trata-se da simultaneidade de registros, lugares estruturalmente determinados, pessoas concretas que ocupam estes lugares, representações internas de si mesmo e dos outros. Vemos então que não se trata nem da projeção absoluta do mundo interno para o exterior, nem de uma estruturação absoluta de fora para dentro.

A família e a cultura

Podemos agora ampliar nosso ZOOM e perceber que hoje dificilmente alguém se aventuraria a sustentar a idéia de uma organização social que não fosse historicamente constituída. As divergências podem recair no modo pelo qual antropólogos, sociólogos, historiadores interpretam os percursos da história sejam estes evolucionistas, funcionalistas ou estruturalistas. Mas não temos dúvidas do fato de que a família monogâmica e patriarcal foi uma construção social e seu modelo vem sendo sistematicamente posto em crise na atual fase do desenvolvimento da nossa sociedade ocidental.

As maiores transformações apontam mudanças tanto nos lugares ocupados como as discriminações entre sexo e gênero.

Reich já assinalava que *"a posição autoritária do pai reflete o seu papel político e revela a relação da família com o estado autoritário"*[3]. Toda uma tradição da sociologia marxista discutia o vínculo entre a família patriarcal burguesa e o capitalismo.

As transformações sociais apontam um declínio marcante da figura do pai autoritário, uma significativa transformação do papel da mulher tanto pela sua entrada no mercado de trabalho como pela independência diante de uma maternidade imposta. A clássica fórmula "A anatomia é o destino" passa a ser questionada. A institucionalização do divórcio, o livre exercício da sexualidade promoveram um desmapeamento[4] da família tradicional. Novas for-

---

3. Reich, W. *Psicologia de massa do fascismo*. In: Canevacci, Massimo: Dialética da Família, Brasiliense, 1982. São Paulo.

4. Sobre este tema consultar: Figueira, S. *Uma nova família?* Rio de Janeiro, Jorge Zahar Editor, 1987.

mas de convívio e lugares subjetivos foram emergindo, como bem aponta a pesquisa da *Folha de S. Paulo*[5].

No entanto, não é menos elucidativa a leitura de Adorno quando propõe que:

> *A crise da família é crise integral do humanitarismo. Precisamente em que se desenha a possibilidade de uma plena realização do direito humano na emancipação da mulher, obtida graças à emancipação da sociedade, desenha-se igualmente – com igual força – a recaída na barbárie, em conseqüência da atomização e da dissociação da coletividade*[6].

Novo ZOOM!! Conseqüências da modernidade? Precisamos não só olhar para as transformações do masculino e feminino mas algo que parece ultrapassar, no modo como o desenvolvimento da tecnologia, dos intercâmbios econômicos e os novos discursos emergentes afetam o sujeito.

Giddens[7] analisa o período denominado por alguns autores "pós-modernidade" (ver Lyotard), ou como ele prefere, uma certa radicalização da modernidade. Neste contexto: a) o ritmo das mudanças, b) o seu escopo e c) a natureza intrínseca das instituições geram um estado de perplexidade que pareceram estar fora de nosso alcance compreendê-lo. O autor destaca uma mudança no equilíbrio entre:

Ambiente de confiança — Ambiente de risco, com a balança pendendo para o lado direito. A sociedade tradicional oferecia lugares aparentemente seguros em termos sociais e identitários; hoje o autor identifica uma maior indefinição. Seria extenso para nosso debate se estender na análise de Giddens das Sociedades

---

5. Pesquisa sobre a família brasileira publicada em *Caderno Especial, Folha de S. Paulo*, 20/09/1998.
6. Adorno, T. W. e Horkaheimer M. Sociologia da família. In: Canevacci, M. *Dialética da família*. São Paulo: Brasiliense, 1982.
7. Giddens, A. *The consequences of modernity*. Standford, California, Standford University Press, 1990.

pré-Modernas e das Modernas; apenas vou destacar um aspecto para que vocês possam observar o impacto da transformação.

Alguns problemas colocados pela contemporaneidade

Retomo a distinção feita por Giddens entre sociedades tradicionais e pós-tradicionais.
Disto deriva que:

> Em todas as sociedades, a manutenção da identidade pessoal, e sua conexão com identidades sociais mais amplas, é um requisito primordial de **segurança ontológica**. Esta preocupação psicológica é uma das principais forças que permitem as tradições criarem ligações emocionais tão fortes por parte do "crente". As **ameaças à integridade das tradições** são muito freqüentemente, se não universalmente, experimentadas como ameaças à integridade do ego.

Crise de representações identitárias: quem sou eu, como educo meus filhos, quais meus valores, minha moral? **Insegurança ontológica**: o que me concede segurança no meu existir? sou eu por mim mesmo? há confiança em algum grupo, ou a paranóia social se generaliza? A única garantia será uma exacerbação do narcisismo? Seremos todos super-heróis, máquinas sem descanso, sempre prontos para novas missões até que uma criptonita verde nos derrube...?

Aqui nos aproximamos do ponto ao qual pretendíamos convergir com nossa fala, este exercício de ZOOM foi necessário para situar em que aspectos a clínica que hoje praticamos detecta os efeitos de transformações globais da subjetividade. Seja na clínica, apreendidos no campo transferencial, seja nas irrupções sociais observamos, **depressões, manifestações de narcisismo exacerbado, substituições maciças de vínculos interpessoais por relações com objetos fetiches, adesões a um cultura de imagens bidimensional, uso crescente de drogas euforizantes.**

Citemos apenas alguns exemplos:

- Pais procuram um analista para filho que não apresenta problemas aparentes, mas acreditam que um processo terapêutico poderá contribuir para garantir sucesso no futuro. Qual a expectativa destes pais, que angústias e ideais os movem?
- Criança vive cercada de um mundo de objetos, brinquedos eletrônicos, TV, computador, defesas autísticas ou novas formas de subjetivação.
- Que lugar ocupam os filhos em casais que tinham adotado uma ideologia implícita DINK (Double Income No Kids).
- Angústias violentas ante o ingresso na adolescência, ausência de modelos identificatórios, dificuldades sociais e econômicas.
- Emergência de respostas fálicas, autoritárias e muitas vezes violentas como forma de defesa perante o desamparo.
- Abusos da infância: sexuais, exploração do trabalho, situações nas quais a criança se oferece a gozo do outro.

Uma Psicanálise para o novo milênio?

Diante desta crise da subjetividade, das narrativas, dos modelos identificatórios, ante uma crescente emergência de atuações, psicopatias, irrupções irracionais, de ausência de projetos sociais, o psicanalista não pode ficar passivo, reproduzindo *ad nauseam* seus modelos de sujeito, numa atitude saudosista, melancólica ou moralista.

Cabe aguçar nosso senso de investigação na clínica e na cultura.

Buscar na nossa clínica um espaço de liberdade.

Lutar para não ser aprisionado por uma obsessividade tecnicista e não cercear nossa criatividade, condição necessária para a emergência do sujeito.

Mas acredito que isto não se dará no contexto de um *laissez-faire* empático ou irracionalista do "vale tudo".

Encontro nas propostas de Silvia Bleichmar[8] um modelo interessante para que possamos iniciar um diálogo fértil sobre os caminhos futuros da nossa prática.

Assim a autora nos propõe situar os enunciados cuja vigência teórica e sua fecundidade heurística constituem o núcleo duro da psicanálise:

a) Retomada do Édipo como princípio ordenador dos intercâmbios que põe reservas ao gozo entre o adulto e a criança e "limites à apropriação de gozo do adulto com respeito ao corpo da criança".

b) Depuração crítica dos conteúdos teóricos indefensáveis desde uma perspectiva histórico-crítica.

Se por um lado devemos retomar o eixo básico da descoberta psicanalítica, investigar por outro e questionar aquilo que for datado. Não temer o debate e o abandono de certas idéias.

Acrescento eu a ousadia do analista em criar novas teorias regionais, ad-hoc, originadas da clínica, que nos permitam um intercâmbio e liberdade diante dos grandes sistemas conceituais que já possuímos.

Isto poderá instrumentalizar a nossa clínica tanto técnica como teoricamente revigorando o aspecto libertador e emancipador da psicanálise a contrafluxo de forças adaptativas ou atomizadoras na nossa cultura.

---

8. Psicanalista argentina com vários livros publicados no Brasil.

4

Debate

Público

Eu queria entender o que você está chamando de sustentação simbólica.

Maria Rita

O filme do Almodóvar, *Tudo sobre minha mãe*, é um ótimo exemplo. Naquele grupo não há nada estruturado, não há família, não há valores tradicionais, mas há sustentação simbólica. Ou seja, o que a gente chama de sustentação simbólica? Alguma coisa que é dada pelo que está estável na cultura. Que organiza, como disse Bernardo; os discursos organizam os lugares – a gente já vê que hoje é uma coisa um pouco mais complicada porque as formações culturais não são tão estáveis. E principalmente a sustentação simbólica é referida aos ideais. Os ideais, evidentemente, estão sempre além, mas ela é referida aos ideais. Neste sentido o filme do Almodóvar é muito interessante porque de todos os personagens "desgarrados" se faz laço social. E se faz laço social porque alguma coisa acontece. Talvez até a figura da Manuela faça com que haja alguma lei que interdite que as pessoas usem umas às outras, gozem umas das outras indiscriminadamente. Embora seja um universo no qual o gozo é evocado a todo momento. E se cria uma coisa muito importante, não deu tempo de eu falar mas já que você me deu mais tempo, eu tenho a impressão de que essa idealização da família hoje – e eu gostaria de ouvir a opinião de vocês também – quando você disse, Maria Lygia, "fiquei espantada de como é que hoje em dia casais homossexuais querem constituir família se tudo o que nós queríamos era explodir com a família". Aí eu fiquei pensando que, de repente, a família virou o nosso último ideal. Até porque é uma estrutura perdida essa família nuclear, burguesa, etc. Virou nosso último ideal e virou nossa última forma comunitária. O que o filme do Almodóvar faz, que nos encanta tanto, é mostrar que existem formas comunitárias de amparo e de convívio que não têm que ser essa família tradicional. Porque a gente vive num desamparo, num "desgarramento" tão terrível, que então a gente quer fazer família. Mas o que não funciona mais é a sustentação simbólica da tradição, quer dizer, nós temos uma tradição que nos diz o que é ser pai, o que é ser mãe, o que é ser homem, o que é ser mulher, e que não corresponde mais à nossa experiência de vida. E eu acho que aí a psicanálise – principalmente a psicanálise lacaniana – de vez em quando contribui para um mal-entendido a esse respeito, como se sem esse vínculo com a tradição nós não tivéssemos filiação, e nós vamos para o lado da perversão, da psicose, como se nós não pudéssemos criar discursos. Quando a Maria diz que a gente cria o tempo todo novas formas, novas famílias, etc... e o filme do Almodóvar está dizendo isso quando improvisa em muito pouco tempo não só um laço entre aquelas pessoas encarnadas ali, mas valores, significantes, que orientam a vida daquelas pessoas e faz com que suas vidas tenham sentido. A literatura fez esse papel no final do século XIX organizando a cultura burguesa emergente. Por isso a literatura realista teve o *boom* que teve, a importância que teve, o alcance que teve, ela começou a dizer: "são outras coisas, estamos vivendo outras coisas". A literatura foi o primeiro emergente a denunciar que agora tem-se que criar outros discursos. Enfim, essa é outra história.

Público

Na linha de criação de discursos, que você estava falando que existem discursos de sobra, dos especialistas, para tudo e juntando com o que o Bernardo fala de confiança e risco, gostaria de colocar uma questão: se as pessoas perderam a confiança na tradição e em certo sentido é possível "comprá-la aí na esquina", será que isto vai podendo funcionar como sustentação simbólica? Como se construiria confiança e risco, na sua opinião?

Maria Lygia

Eu posso perguntar, para entender melhor a sua questão? Me diz uma coisa, essa idéia de que se pode comprar confiança em qualquer lugar; mas este é o problema. A questão são as fontes da legitimidade dessa confiança. A tradição permite estabelecer uma fonte de confiança muito grande, quer dizer, a tradição legitimava muita coisa, "porque sempre foi assim", "meu avô, meu pai", e tal. O problema, com esta questão de comprar, é que você pode comprar várias coisas, então você entra com vários sistemas de legitimidade. Nenhum deles é suficientemente "garantidor" para te sustentar com mais permanência. Você tem várias possibilidades de sustentação, do meu ponto de vista. Nenhuma delas tem aquela legitimidade, te dá aquele conforto, aquele suporte.

Público

Até está mostrando que o anterior também não dava, quer dizer, a tradição criava os seus efeitos. Eu estava pensando inclusive no filme, no comentário do filme, que eu não assisti ainda, mas que tem alguma coisa que corre, que vai sendo construída. Então eu queria pensar essa construção vinda do quê? Porque tem que ter alguma coisa que barre, pode até ser o caos. O que poderia aumentar essa perspectiva dessa construção, para nós.

Bernardo

Justamente, o que eu tentei apontar com a minha fala era um pouco a dificuldade que o psicanalista tem de dar uma resposta a uma pergunta como a que você fez. Por quê? Eu acho que nós podemos, macroscopicamente, ou até fenomenologicamente, olhar para esse filme, ou para outros filmes interessantes, como *Matrix*, por exemplo, e tentar fazer uma análise deles, com as teorias de que dispomos. Mas acho que a psicanálise ao mesmo tempo tem um escopo amplo e um escopo restrito. O escopo específico dela é o da clínica. O que nós teríamos que ver é o que se passa nas análises dessas pessoas e o que é o elemento que dá sustentação, que talvez nós não saibamos. Quer dizer, qual a representação disto que a Rita falou – concordo com ela – do laço social? Nós podemos usar as teorias que temos e tentar fazer algumas hipóteses sobre o que seria este laço social lá, o que vincula para além dos laços de sangue, para além de determinados lugares demarcados socialmente, mas a minha questão, a minha preocupação, diante de uma questão do tipo da sua, é o que nós vemos na análise de um travesti. Neste contexto, que subjetividade é esta? Que subjetividade é quando nós estamos trabalhando com um homossexual que quer fazer uma família? O que se entende por família neste contexto? Mas do ponto de vista da nossa escuta analítica. Talvez aí a gente possa entender alguma coisa. E a pergunta é: será que nós temos instrumentos psicanalíticos para escutar o novo? Será que nossa escuta não está viciada? Será que nossas teorias saturaram a escuta, ou nós temos uma disponibilidade de escuta para algo que, talvez, não seja a subjetividade da modernidade?

Maria Rita

Agora me ocorreu alguma coisa, porque eu estava pensando, quando você falou dos especialistas serem mil, enfim, fica como o caso da minha paciente que lê uma coisa numa revista, o pediatra fala outra coisa, a professora fala outra ainda, e ela não sabe como tirar a fralda da filha. Que é algo que cada um inventa como fazer, não há autoridade segura nesses casos.

Mas enfim, quando você falou de escuta, me preocupa muito que hoje em dia a psicanálise seja convocada pela mídia para fazer suplência a isso que furou no laço simbólico. E dizer "tem que ser assim, tem que ser assado". Isso não serve para nada, só serve para acalmar um pouco a nossa necessidade de pensar coletivamente. Vem um psicanalista e explica. Esse "Freud explica" é uma coisa antiética, a gente devia se recusar a fazer isso na mídia. E escutar, porque eu fiquei pensando, enquanto você perguntava: bom, não somos nós que vamos dar resposta nenhuma. O único instrumento privilegiado do psicanalista é ficar atento e ver as respostas que estão se produzindo. Algumas nos chegam através da clínica; outras, porque nós estamos acostumados a escutar, a gente pode detectar que estão por aí. Estão se produzindo. Estão se produzindo em comunidades de periferia, estão se produzindo... não nas universidades, infelizmente, nos movimentos estudantis, não, hoje em dia. Mas estão se produzindo. O interessante do filme do Almodóvar é que não tem nenhum saber que se institui sobre aquele grupo que produz uma solução de convivência para eles, de caminhos para viver melhor. Agora, o psicanalista quando fica querendo escutar só aquilo que a teoria respalda, a gente tem às vezes um conservadorismo, "esse mundo está perdido", um conservadorismo de vovó. "Não tem mais um Édipo como antigamente, não tem mais neuróticos como antigamente, vai ficar tudo perverso..." a gente tem essa dificuldade de escutar. Mas as soluções estão sendo produzidas e só valem – e aí eu acho que está a importância do laço simbólico – o laço simbólico, se a gente pensar no Freud, no *Totem e Tabu*, no mito da instituição da cultura, ele se fez entre semelhantes. Os semelhantes inventaram aquele pai, que enquanto estava vivo era um chato, era um autoritário, não deixava ninguém gozar, enfim teve que ser morto para valer alguma coisa. E quando ele foi morto, os semelhantes produziram o laço simbólico. Então ele nunca vai ser produzido por um saber. Mesmo quando esse laço simbólico era encarnado no saber divino, etc., ele tinha que ser sustentado pela coletividade. Um saber soberano, como diria o Foucault, nunca produz laço simbólico. É o saber disciplinar esse que está aceito por todos e atuado na vida de cada um. Então nós estamos produzindo laço simbólico não enquanto especialistas em psicanálise, mas enquanto pessoas inventando jeitos de viver as nossas vidas, eu tenho impressão.

Público

Se os adultos hoje estão mesmo com seus saberes corroídos, não estão bancando exatamente o que há para ser bancado, quando dizem "não sei ou não consigo porque não tenho certeza?" Ou, para dizer o mesmo, se hoje bancassem uma autoridade e clareza que realmente não têm, não estaríamos na linha do falso *self* do Winnicott ou algo semelhante?

Maria Rita

Interessante a pergunta. Bom, eu acho que todos deveriam falar um pouco sobre isso porque é bem complexa a questão. É evidente que quando eu estou dizendo que hoje os pais têm que encarnar uma autoridade moral que fica difícil encarnar por sua conta e risco, não se trata absolutamente de voltar a encarnar um saber absoluto sobre tudo o que a pessoa deve fazer na vida, tudo o que ela deve estudar, o que ela deve ser, com quem deve casar, o que seria um modo de constituir um falso *self*. Desculpe citar a mim mesma, mas eu acho que a metáfora é boa. Uma vez eu escrevi um artigo que se chama *Psicanalista, marca de fantasia*, dizendo que psicanalista não existe, cada um finge ser psicanalista quando está no consultório e vende essa fantasia para o paciente para que a análise dele possa acontecer. Hoje talvez a gente possa dizer: pai e mãe, marca de fantasia. É um pouco de falso *self*. Quando você vira para um adolescente mais alto que você e diz: "eu não admito que você diga isso para mim porque eu sou sua mãe", isso é falso *self*, num certo sentido, você está aqui, ele está lá, ele é maior do que você e você tem o quê?, você está investida do quê para dizer "eu não admito"? E funciona. Funciona não para você mandar na vida dessa pessoa, oprimir essa pessoa, encarnar um valor absoluto, mas para você dizer isso: "desse lugar eu não abro mão". Por sua conta e risco, porque o cara pode fugir de casa, mas desse lugar eu não abro mão. Não é desse saber, desse poder, mas desse lugar. Desse lugar você não admite algumas coisas, porque você gerou aquela pessoa e ainda está cuidando dela, você diz alguns "não admito". Baseado em quê? É marca de fantasia, isso.

Maria Lygia

Eu queria politizar um pouco a questão. Um dos problemas dessa questão da autoridade, hoje, esse problema de dizer sim ou não, afirmar, tem a ver com o nosso horror ao autoritarismo, e com a dificuldade de estabelecer outras bases para a gente lidar com a autoridade. Se possível, não se deve fazer essa ligação.

Maria Rita

A gente fez quase que uma formação reativa a isso: qualquer autoridade é má.

Maria Lygia

Eu não acho que isso aconteça só na relação de pais e filhos. O problema da autoridade também se coloca na relação didática. Quando eu comecei a dar aulas na universidade não me parecia muito importante a questão de controlar faltas dos alunos, por exemplo. Hoje faço chamada, o que, inclusive, é uma maneira de conhecer todos os alunos por seu nome. Algumas regras têm que ser respeitadas. No momento em que eu passei a acreditar na eficácia delas, eu acho que pude transmiti-las.

O problema desta questão que estamos tratando é que, muitas vezes, os pais não têm valores, não estão muito preocupados em educar, aliás, nem sabem exatamente o que seja isso. Assim, o grande problema que enfrentamos é essa questão geral da base da autoridade: Nós perdemos a crença na autoridade legítima. Não sabemos o que seria hoje a autoridade legítima.

Maria Rita

Eu estou pensando também, quando a Folha de S. Paulo fez aquele caderno especial sobre o que eles chamavam de adolescentização da cultura. Os nossos ideais, os ideais dos pais, hoje em dia, são ideais adolescentes, então você não quer bancar o pólo careta da relação. Você pode, na sua vida, fazer o que você quiser – casar 30 vezes, ser maconheiro, andar de moto... correr os riscos... mas naquele lugar de pai ou de mãe você é o pólo careta da relação. Agüente essa ferida narcísica. Eles querem que a gente seja. Careta não quer dizer, necessariamente, opressivo, mas é dizer assim: "meu lugar é diferente do seu". E eu acho que é importante também, só para terminar, a coisa de quando você fala do ensino, etc. Porque você cria uma espécie de um *setting*, como em análise você cria. Família cria um *setting*, que dá uma borda até para o cara tentar transgredir para lá e para cá, mas ele enxerga mais ou menos onde está a borda. Pode não ser o paredão da família patriarcal do século XIX, felizmente, mas é uma borda de giz, que seja, como o cara que passa o pé na risca e fala: daqui não passa. Essa borda é até abstrata, mas a gente tem que criar isso porque é isso que vai dar liberdade para o cara. A ausência total de borda não dá liberdade, dá confusão. O professor que diz "o que eu quero é tal trabalho em tal prazo", daí você tem onde se basear para trabalhar, porque senão você não produz, inclusive. Eu imagino, pelo menos, eu não sei, eu não sou professora. Como na análise: "você faz tudo que você quiser aqui dentro, mas você chega tal hora, na hora em que eu te mandar embora você vai embora, você me paga"... Sem *setting* não se produz.

Bernardo

Eu queria fazer um comentário clínico justamente sobre esta questão do não-saber, dos pais que dizem "não sei o que fazer e como fazer", quando nós somos consultados sobre crianças, por exemplo, que transgridem, e a gente vê que há uma situação assim de *laissez-faire*, uma ausência de autoridade nos pais. Uma vez eu fui falar com pais numa escola, e os pais se surpreendiam quando eu falava de autoridade: "ah, então pode? Então pode fazer isso? Pode falar assim?". E uma das coisas que nós percebemos, e aí sim, para entrar na questão do sintoma, é quando esta autoridade vem para os pais de fora para dentro, quando vem via revista, via *Folha de S. Paulo*, via discurso de fora para dentro, ela se manifesta como uma autoridade muitas vezes de fachada, em certos momentos irracional, diferente de uma autoridade interiorizada. Manda fazer eu faço. Só que eu faço ao Deus-dará: às vezes eu faço, outras não faço... e que é altamente psicotizante. Quer dizer, nós estamos numa enrascada frente a esta questão dos discursos que você falava, do Foucault, do discurso absoluto. Porque se essa autoridade vem de fora – mas legitimada por quem? – ela pode vir como autoridade de fachada, e é exercida autoritariamente e não como autoridade. Eu acho que são questões clínicas, que eu me coloco: como que uma autoridade deste tipo estrutura, quando ela é de fachada?

Afrânio

Aí eu estava pensando na questão do olhar responsável; quando se tem esse olhar responsável se pode formar essa autoridade também responsável, e ser reconhecida como tal. Dá vontade de ficar discutindo também aqui na mesa, apesar de eu ser coordenador da mesa.

Público

Vocês acabaram de falar bastante sobre a questão da autoridade, e vocês falaram sobre a conseqüência, como dependência química, nas crianças e adolescentes. Eu sou psiquiatra e observo na clínica, que não só com dependentes químicos, mas também com os pacientes esquizofrênicos, com transtorno obsessivo-compulsivo, anorexia... – principalmente nos adolescentes – a dificuldade dos pais em perceber que eles têm uma autoridade ou deveriam ter e que eles têm que levar a lei e orientar essas crianças. Com estes pacientes eu preciso ter um trabalho com os pais porque senão o tratamento não anda. Então eu tenho que, num certo momento, ter a autoridade para falar com esses pais para eles poderem ter um pouco de autoridade para com essas crianças, para essas crianças poderem até seguir um tratamento e ter uma evolução. Outra coisa era sobre os pais separados e a questão do vice-pai, da vice-mãe. Na literatura atual parece que as crianças estão aceitando isso com facilidade, entretanto eu não observo isso com meus pacientes adolescentes e adultos, principalmente aqueles com transtornos mais graves. Então eu estaria propondo para discutir um pouco essa questão: a dificuldade dos filhos de 40-45 anos já casados e com filhos, de aceitarem a separação dos pais. Eu acho que essa é uma questão extremamente importante.

Maria Rita

Quando você falou em dependência química, eu pensei na drogadicção, primeiro, não na questão dos remédios, na dependência de drogas. Em casos que eu sei pela clínica ou que eu ouço em supervisão, etc., o que fica muito evidente – pelo menos em primeiro plano, pois deve haver outras coisas acontecendo – é que esse alto valor narcísico dos filhos faz com que a gente crie filhos como uma espécie de seres sem falta. Nós não temos grande coisa, hoje, de ideais para transmitir. Passamos por um momento de decadência de todos os valores da cultura burguesa, e não temos um horizonte de ideais muito claro. Os filhos acabam se tornando um ideal na cultura, quer dizer, você faz *pelos* filhos, mas pelos filhos *para quê*? Porque eles são o seu espelho narcísico. Então os filhos ficam um pouco num certo lugar vazio, um lugar de gozo. Em vez de ser um miniadulto da cultura do século XIX, que tem que ser educado para virar um grande adulto, que também não é um jeito bom de pensar na criança, ou então o anjinho puro que tem que ser mantido puro até um certo momento, eles ocupam um lugar vazio e um lugar de gozo. Vazio no sentido de conteúdos culturais, digamos assim, e de gozo porque é isso que a gente quer deles. Ora, enquanto são crianças, eles gozam de tudo aquilo que os pais dão para as crianças gozarem: sorvetes, Playcenter, viagem à Disney, brinquedos sem fim. Qual é o passo seguinte? Na adolescência, qual é o objeto de gozo que se oferece? É a droga. E eu me lembro do caso de um rapaz que eu não conheci, que me veio em supervisão, foi o analista dele que me contou, que cheirava cocaína desde os 14 anos, estava com 17 e os pais estavam apavorados, mas os pais, de alguma forma... nunca quiseram que ele cheirasse cocaína, porque a droga é o que todo pai teme, mas viciaram esse menino, de certa forma, onde podiam, como o herdeiro da fantasia deles de que ele tinha que gozar de tudo que era possível. Assim, ele chegou á cocaína. Este menino dizia para o analista que ele não tinha nenhuma angústia, ele não sofria, ele gozava de tudo o que aparecia na frente dele. A única lembrança que ele teve de angústia é que de vez em quando ele tinha um pesadelo muito estranho, em que tinha uma montanha de pó na frente dele para ele cheirar. E aí... quer dizer, ele não dava conta do quanto ele tinha que gozar, era a única coisa que o angustiava: "eu não vou agüentar tudo isso, meus pais não barram, eu não dou conta". Quanto à questão dos pais separados, eu acho que não tem nenhuma resposta, eu acho que evidentemente é sempre um sofrimento esse momento, como toda separação é um sofrimento. Me ocorrem duas possibilidades para isso se transformar em sintoma. Devem existir mil, mas me ocorrem duas. Uma é quando os pais não deixam essa criança fazer o luto; nessa nossa cultura do narcisismo tem que estar tudo bem no dia seguinte. Estou pensando nos filhos de um paciente meu, meninas, que estão se tornando histéricas na determinação delas de serem felizes, de consumir, etc., porque os pais se separaram e no dia seguinte "era tudo maravilhoso", agora tudo é compensação narcísica, agora nós temos duas casas em vez de uma, agora nós temos duas mamães em vez de uma, enfim. Então não tem luto nenhum: vira sintoma. A outra possibilidade é os pais fazerem dos filhos um depósito do que eles não elaboraram. São pais sempre em dívida porque se separaram. E se o pai está em dívida, a criança percebe e manipula loucamente. Outros manipulam as crianças na guerra conjugal, enfim, tem jeitos e jeitos de adoecer filhos na separação, assim como mil jeitos de adoecer filhos para um casal ficar junto quando não quer ficar junto, e decide: "vamos ficar juntos por causa das crianças". Aí a gente imagina também quanto enlouquecem essas pobres crianças que têm que ser responsáveis pela infelicidade dos pais, feita em nome delas.

Bernardo

Eu queria complementar a fala da Maria Rita, eu achei muito interessante a questão colocada porque me evocou o seguinte: estamos falando muito das dificuldades em face da questão da autoridade e eu acho que certas funções de maternagem também não estão podendo muito ser vividas, experienciadas. O que tem uma ressonância no lugar do analista, no *setting* analítico. Volto para a clínica novamente, porque me parece que isso nos remete a alguma coisa que tem acontecido por exemplo nos últimos anos, essa explosão do Winnicott. Ele escreveu há muito tempo suas teorias, fez trabalhos interessantes, mas o que se passa é que, de repente, houve uma certa necessidade de conter tanto os pacientes, e uma certa idealização desse modelo. Por outro lado, se pensamos no Lacan com a questão da função paterna, o corte, o ato... Quer dizer, cada vez percebemos que até a interpretação clássica freudiana vai perdendo espaço, e somos convocados seja ao ato, ao corte, ou à maternagem. Em que estamos nos transformando? Qual é a transformação do analista no *setting*? Eu não tenho muita resposta, mas é uma inquietação. E a gente vê isso acontecendo. Então você às vezes vai dar supervisão para alguém que vem de uma formação mais lacaniana, e ele corta, corta, até ele ser pai e colocar a questão da autoridade. É a função paterna, no social, que a gente vê desbancada. Por outro lado, esses pacientes também trazem déficits em termos das questões maternas, de constituição, de integração psicossomática. Por que de repente existem cursos de psicossomática? Não existiam cursos de psicossomática. Há déficits. Então a que somos chamados hoje?

Público

Maria Rita, com referência à parte final da sua exposição, você fez menção ao seguinte: que esse suposto abandono dos filhos se dá muito mais por um declínio do exercício responsável dos pais do que pela desestruturação, essa suposta desestruturação da família. O que eu queria entender é o que tem levado a isso, a esse suposto declínio, ou a um exercício menos responsável dos pais nesse papel?

Público

Eu fico um pouco impressionada quando vou escutando: estou querendo intervir mas nunca sei por onde. Porque uma das coisas que me chama muito a atenção é realmente como a gente vive numa sociedade tão escotomizada, tão *splitada*, que pareceria que parte das teorias psicanalíticas de que nós dispomos dá conta de um tipo de família ou de um tipo de organização social. Eu diria que toda essa teoria do excesso, toda essa teoria sobre maternagem, toda essa teoria do consumo, responde a um tipo de família, que é esse tipo de família que nós temos no consultório, que é a família burguesa, que é a família que tem perdido certos valores, mas tenho a impressão de que deixa de lado uma porcentagem altíssima de população e de famílias que não estão sofrendo esta realidade, que estão sofrendo uma realidade absolutamente diferente, da qual eu acho que tanto a sociologia quanto a psicanálise deveriam dar conta. Então simplesmente um apontamento de que eu penso que esse *splitamento* social nos leva à situação de impossibilidade de falar da família na sociedade de hoje. Que nós podemos fazer intervenções absolutamente pontuais e singulares e comecei a ficar aflita nesse final porque me deu a impressão de que estávamos indo muito ao perfil da família do consultório, como se essa fosse a realidade de um país que tem 150 milhões de habitantes.

Maria Rita

Bom, rapidamente, essa questão, eu não saberia dizer, fazer uma genealogia absoluta disso. O que eu sugeri na minha fala foi que os discursos tradicionais perdem a força, que as nossas transmissões por filiação perdem a força porque a cada geração temos que inventar tudo de novo porque os ideais da modernidade são esses, de cada um inaugurar sua vida desde o zero. Claro que isso é impossível, você tem que recalcar muita coisa para fazer isso, mas existe essa forma de alienação, de achar que estamos inventando e fazendo tudo diferente dos pais da gente, etc. E, como um terceiro fator que causa essa espécie de abandono moral das crianças, estamos mergulhados na cultura do narcisismo, o que nos impede de bancar qualquer ato que introduza no outro uma limitação – principalmente no filho, que é aquele que é para ser o seu ideal de gozo. É o seu herdeiro nesse mandato que você não conseguiu cumprir. Então, temos dificuldades de duas ordens com os filhos: uma, de conseguir inventar um lugar de onde a gente possa bancar essa autoridade, a gente tem uma dívida com essa herança familiar que a gente perdeu, com esse ideal familiar que a gente perdeu, isso dificulta que a gente se sinta à vontade para inventar. Porque afinal, o que legitima a autoridade paterna e materna nessa situação atual? É que você seja capaz de dizer: "eu quis ter você, eu achei que tinha condições, e agora eu vou levar isso até um ponto onde eu ache que você vai sozinho". É só isso que legitima, atualmente: é o seu desejo de fazer crescer aquele ser humano da melhor maneira possível. E você vai errar, evidentemente, o seu narcisismo tem que agüentar isso senão você não sustenta nada. Quanto à outra questão, o que eu tenho pensado muito, me voltando novamente para a questão do filme do Almodóvar, é como... a gente evidentemente escuta no consultório muito o que eu estou chamando de estrutura vertical da família, pais e mães e filhos, mas eu tenho escutado, prestado atenção – não só na clínica mas no que a gente sabe do mundo aí – nas estruturas horizontais de amparo. Ou seja, nas formações fraternas. Eu estou muito interessada nas formações fraternas. Fraternas não precisa ser só entre os irmãos. O modelo dos irmãos é um modelo que às vezes funciona e faz suplência quando os pais estão na estratosfera. A gente encontra de vez em quando, no próprio consultório, sujeitos com pai perverso, com uma mãe melancólica ou deprimida, que se salvaram porque tinha um irmão ali, ou uma coletividade de irmãos que segurou a onda. Então esse sujeito não é um psicótico, não é um suicida, porque teve "irmãos". Eu acho que na sociedade mais ainda, como no caso de meninos de rua que formam as suas famílias de meninos de rua.

Maria Lygia

Começando por onde a Maria Rita acabou, eu acho que você tem toda a razão. Mas esse modelo que está se falando é um modelo que eu chamaria de estruturalmente dominante. Pude comprovar essa questão na pesquisa que venho coordenando há 4 anos sobre uma avaliação de políticas sociais voltadas à infância. A importância do modelo familiar como estruturante pode ser observada no caso das crianças em situação de rua. Elas refazem, com outras crianças, as funções maternas e paternas porque são essas as referências essenciais de *cuidar*. A grande questão é esta: cuidar. O que precisamos saber é como cuidar da melhor maneira daqueles que são nossos dependentes: as crianças e os velhos.

Bernardo

É por isso que eu tinha falado na construção de teorias regionais, quer dizer, é necessário e se impõe a questão de construir teorias regionais porque nós não sabemos. Por exemplo, nós temos dinâmicas diversas que existem na sociedade, a dinâmica das gangues, dos diferentes grupos sociais. São grupos que estão surgindo e oferecem algum modo de integração que não são só para os adolescentes mas que se alastram. Até os grupos psicanalíticos, para que eles servem? Então eu acho que é uma questão ampla, e a diversidade dos modos de organização vai implicar a investigação de questões de classe social. Essa falsa idéia, esse imaginário da globalização, que cria esse universo de excluídos, nos convoca a refletir e continuar investigando. Para concluir, queria falar que fiquei muito contente com o debate, gostei, fiquei feliz de estarmos falando dessas coisas aqui no Sedes e no nosso curso.

5

O QUE ESPERA O PEDIATRA DO PSICANALISTA? E O PSICANALISTA DO PEDIATRA?

Leonardo Posternak

Embutidas dentro das perguntas do título da conferência: o que espera o pediatra da psicanálise? E a Psicanálise da Pediatria, existem outras que considero muito importantes:

- O que esperam o pediatra e o psicanalista deles mesmos?
- Que esperam de nós as famílias que atendemos inseridas na comunidade?
- Dissecando ainda mais as expectativas, podemos chegar a perguntas básicas, sutis, porém fundamentais, que nos deveríamos fazer na íntima reflexão do nosso cotidiano: Quem sou? Que sei? Com que conto? Que eu quero? O que eu posso? Para agir sobre a demanda de cuidados que chegam aos nossos consultórios em cada jornada.
- Esta é a chave-mestra na problemática em países grandes, em desenvolvimento, com graves problemas socioeconômicos, e com centros de formação escassos ou longe dos centros de demanda. Ante essa situação, nos mostramos insatisfeitos, impotentes, sem dar-nos conta de que uma mínima análise situacional e uma simples introspecção permitiriam transformar toda tarefa em algo criativo e gratificante. Para fazer isso, é que hoje estamos nesta democrática e querida casa de ensino da Psicanálise.
- Esta troca de conhecimentos, este olhar interdisciplinar com certeza vai ser proveitoso para quem participa, porém acho que também o usufruto, a sua eficácia e alcance deveria ir

muito além das nossas profissões, atingindo o nosso verdadeiro objeto de estudo que é: a criança na mãe, a mãe na família e a família na sociedade e a seqüência inversa. Respeitando a ordem estabelecida começarei a minha tentativa de responder as perguntas do título da conferência.

1. O Que Espera a Psicanálise da Pediatra

Desejo que os participantes deste evento, representando maciça e solidamente a Psicanálise, possam me auxiliar na resposta. Ficarei eternamente agradecido! Eu tenho um esboço de resposta que é a seguinte:

"Se pode responder de maneira geral que espera sua justificativa e verificação. Todas as coisas que afirmamos têm a sua origem na infância, embora naturalmente não têm sido descobertas na criança. Então só as poderíamos considerar estabelecidas uma vez confirmadas pelo pediatra".

Esta bela homenagem à Pediatria, junto à clara justificativa da nossa necessária colaboração, tem noventa anos, foi pronunciada em 17 de novembro de 1909 por Freud, durante uma sessão da Sociedade Psicanalítica de Viena.

Ele fechava sua conferência dizendo: "o pediatra deveria incluir na descrição do quadro clínico, certas circunstâncias da vida da criança, se é o primeiro ou último filho, os acontecimentos anteriores ao aparecimento da doença (conflitos, nascimentos, mortes, etc.), enfim toda a situação familiar. Desse jeito se fará manifesto qual é a parte dos fenômenos psíquicos que retorna na patologia orgânica, e assim podemos descobrir a contribuição do psíquico. Também é importante distinguir o que é herança, do que é adquirido. O pediatra nos pode brindar esclarecimentos sobre a origem dos afetos. Durante um certo tempo a pesquisa com crianças deverá estar dominada pela experiência adquirida no tratamento dos adultos, embora não seja o ideal. A neurose dos pais se levanta como um muro diante de neurose da criança".

Se confirma mais uma vez que quando desejarmos conhecer coisas novas, devemos ler os clássicos.

Daqui a pouco discutiremos sobre o que foi feito, ou estamos fazendo após essa conferência de Freud.

2. Que Espera o Pediatra da Psicanálise?

Mais que uma expectativa é um grito de ajuda, já que as nossas deficiências e necessidades são muito antigas. Provavelmente alguns psicólogos conhecem a conferência de Freud de 1909, referida; com certeza nenhum pediatra a conhece.

Nossos problemas começam na escolha profissional ou com certeza antes disso, na nossa própria história individual. O interesse em reconhecer a vocação, força inconsciente e irracional que nos empurra a ser pediatras (ou qualquer outra coisa), se apóia na sua aceitação como fonte de energia que sofre muitas transformações das quais a sublimação permite conciliar o prazer ao mandato social em nosso ofício.

Entre as forças que nos conduzem à escolha da pediatria podemos mencionar:
- Identificação com a criança (nos dá satisfação e onipotência).
- Exercer uma atividade reparatória (refazer ou fazer melhor nossa infância).
- Ser detentores do poder que emana do conhecimento (é a mais perigosa!!).

Os problemas continuam em nosso processo formativo (ou será deformativo?)

Começamos a construir nosso sonho nas salas de anatomia, com a observação e descrição de tudo o que seja perceptível e palpável. O contato com o cadáver desfigurado e formolizado nos traz medo, repugnância e ansiedade, sentimentos dos quais nos "defendemos" com piadas inadequadas e total falta de respeito. Esta primeira relação com "esse" ser humano nos impregna com uma certa frieza emocional e muito distanciamento. Por que não começar nosso curso nas maternidades ou berçários que é onde a vida tem seu início? A propósito, tem uma poesia do recentemente falecido João Cabral de Mello Neto que diz: "... Podeis aprender que o homem 'é sempre a melhor medida', mas, que a medida do homem não é a morte, mas a vida"...

Ainda na primeira parte do curso somos introduzidos ao estudo teórico das ciências exatas (física, química, estatística, etc.), longe do ser humano, em enormes salas frias e impessoais (no sentido literal e literário), com uma relação distante entre professor e aluno – será que isso não influencia nosso futuro relacionamento com pessoas? – com o "ideal" do ensino/aprendizagem representados pelo rigor e exatidão científica, a procura permanente de provas objetivas que nos permitam determinar sempre e custe o que custar a relação causa-efeito. Isso nos marca definitivamente nas nossas atitudes técnicas, intelectuais e emocionais como médicos. Como poderá no futuro o médico falar de inconsciente, vínculos, afetos, ansiedade se são coisas que não se medem, não se enxergam, não se tocam!!!

Por fim chegamos ao hospital, local que idealizamos ser o "sagrado" templo da nossa sagrada profissão, ledo engano!!

Um bando de ávidos jovens querendo sugar afoitamente da fonte do saber. Isto leva a uma relação impessoal com o doente que passa a ser o "fantástico" fígado cirrótico do leito 4, ou o enorme tumor do leito 26, ou aquele outro do "maravilhoso" sopro cardíaco, etc., sem que se nos ofereça nenhuma explicação sobre um simples fato: as pessoas têm nome, são donos de seus fígados, sopros cardíacos e tumores, merecem respeito, têm necessidades emocionais, além de doenças e o mais importante, não perdem nenhum dos seus direitos por estar doente, ao contrário, adquirem novos justamente por isso. Lamentavelmente os profissionais mais vividos, com mais experiência e que servem como modelos de identificação aos mais jovens, afirmam dogmaticamente: "os doentes precisam de nossos conhecimentos técnicos, e não de nosso afeto, se vocês ficam muito perto deles acabam sofrendo também" e concluem: "quanto maior a distância com as pessoas, maior a objetividade e assim maior eficiência".

Assim começamos a residência em pediatria, quando solenemente nos penduram um estetoscópio no pescoço, e nos conclamam a colher exames, fazer diagnósticos e salvar vidas. De fato, essa é uma parte essencial de nosso trabalho e aprendizagem, mas onde fica a relação humana, onde acontece o encontro entre pessoas, onde e quando podemos oferecer às pessoas doentes o que tanto precisam: afeto e compreensão.

Nos ensinam a perguntar, aconselhar, prescrever, enfim somos treinados a falar, esquecendo de nos ensinar a ouvir, questão prioritária já que é através desse simples mecanismo sensorial que muitos diagnósticos começam a serem feitos. Entendemos, assim, as causas que fazem com que ao utilizar a palavra, embora o pediatra acredite estar adotando uma conduta emocional adequada, não perceba que a estrutura familiar é singular, não passível de normas ou rotinas rígidas e acaba fazendo iatrogenia (da palavra e da atitude).

Desta maneira (quase autobiográfica) acrescentando talvez algumas horas no curso sobre psicologia médica (não me lembro do que se tratava), não mais que um par de meses de curso de pediatria com crianças pobres, com doenças graves, muitas vezes abandonadas, impossibilitando a permanência dos pais no hospital até quando eles o desejavam ou exigiam, e nada da criança dita normal ou padrão (coitada!! essa não chamava a nossa atenção) junto a sua família, fora do hospital, em seu *habitat* natural. Existia a tentativa também de nos ensinar em mínimo tempo o desenvolvimento psicoemocional da criança, porém sem considerar isto como algo digno e importante dentro do estudo da pediatria.

Com este histórico e sem aviso prévio, nos encontramos um dia instalados em nossos consultórios, decididos, ansiosos e felizes aguardando nossos pacientes; eles começaram a aparecer, bem devagar no começo, claro, porém iam chegando, e o que tinha tudo para ser pura alegria se tornava um verdadeiro drama. Embora as crianças estivessem limpas, cheirosas, bem vestidas e alimentadas (bem diferentes das nossas velhas conhecidas do hospital) elas tinham família, mãe, pai, irmãos, avós, babás. Tudo isso permeado por várias urgências a resolver e muita angústia, mães deprimidas, sem confiança e sem conhecimento, muito choro, várias opiniões sobre um mesmo fato, e a gente tentando explicar, claro que ninguém entendia (nem eles, nem nós), era o caos!! Esta situação colocava em xeque toda nossa técnica, preparo e conhecimentos. A nossa intensa frustração e impotência nos faziam (e ainda fazem) repetir algumas frases-feitas que são verdadeiras pérolas semânticas:

- atender criança é ótimo, agora agüentar as mães!!
- seria ótimo se a criança fosse deixada no consultório pelo motorista!!
- a criança está atrapalhada pela mãe – ela é tão ansiosa!!
- que difícil é atender as mães, só choram e não entendem nada!!

Porque alguém não nos avisou que cuidar ou curar não significa culpar ou que encontrar o "culpado" não soluciona o problema (já que não somos juízes nem policiais).

Assim sutil, mas irreversivelmente, vamos modelando nossa forma peculiar de "ser médicos".

Winnicott em seu duplo papel de pediatra e psicanalista e com sua imensa sabedoria, tentou (bem que ele tentou) dar seu aporte e nos mostrar que ser pediatra tem outros significados, afirmando em seus escritos:

a) *"A criança está em comunicação com o inconsciente materno".*

Isto confirma a teoria de Freud e de que a observação longitudinal feita pelo pediatra é um aporte importante. Os estudos modernos sobre a interação mãe/bebê permitem compreender como o "estado de ânimo" da mãe (do adulto em geral) se transforma em comportamento na criança pequena.

b) *"O papel essencial do pediatra é a prevenção da doença mental. Se pelo menos ele o soubesse!!"*

Existe aqui um sutil e proveitoso contra-senso ou uma ampliação corretiva no enfoque de nossa tarefa. Claro que devemos estar preparados para detectar e encaminhar a patologia psicoemocional dos nossos pacientes, é uma de nossas funções importantes; por outro lado a consulta pediátrica não deve se converter em ludoterapia ou terapia familiar, longe disto!! O próprio Winnicott desfaz essa sutil contradição quando escreve: "Não é necessário que lembrem que o valor de qualquer observação que eu faça depende de minha habilidade em conhecer a ação e os limites da doença física. Da certeza de que tive consideração pelo orgânico depende meu direito em me deixar envolver pelo lado psicológico. Estamos falando de outra dimensão, de outra escuta do pediatra, de ele abandonar a postura de encaminhador de patologia, para nossos parceiros ubicados na confortável situação do objeto preestabelecido da demanda (os psicólogos). Estou falando de nos encontrar no meio de uma ponte para que criativamente ambos (pediatras e psicólogos) possamos cuidar melhor da criança e da família. Estou me referindo ao campo da prevenção.

c) *"No ensino da pediatria se gasta muito tempo estudando os casos interessantes, as grandes patologias, deixando de lado aqueles pacientes que simplesmente estão crescendo."*

Quantas vezes ficamos frustrados e até um pouco bravos com nossos pacientes, porque apesar da nossa competência e esforço não conseguimos confirmar seu diagnóstico e nessa hora de forma autoritária e rígida "disparamos": O paciente não tem nada!!! ou um pouco mais ousados falamos que é um "piripaque" de histérico, sem saber muito bem do que estamos falando, nestes casos o diagnóstico feito a maneira de rótulo, serve para ocultar o nosso déficit em perceber que a queixa colocada em um órgão pode estar originada em outro: o órgão mental, ou seja, maquiamos nosso despreparo para o manejo dos sintomas psicoemocionais e o desconhecimento de que existe relação entre o psíquico e o orgânico. O paradoxo reside em que esse conceito é bem anterior a psicanálise (o que poderia estar gerando resistências) , foi feito por um médico, Hipócrates, que diz "não fica doente quem quer, e sim quem pode". Parece que na era pós-hipocrática até nossos dias, nada foi acrescentado a esta curta e firme definição do ser humano, como uma verdadeira unidade psicossomática, que na realidade somos.

3. Que Esperam as Famílias?

Em geral chegam aos nossos consultórios pediátricos, porque alguma coisa está acontecendo com seu filho, geralmente é um sintoma corporal ou comportamental, um sinal do que eles acham ser uma doença do filho. Junto a isso, trazem suas carências, medos, incertezas e a necessidade de serem contidos e apoiados. Entretanto nós os pediatras aparecemos perante seus olhos como alguém que sabe tudo e que magicamente poderá resolver todos os seus problemas e se fazer depositário de todos os seus padecimentos.

Na realidade acontece que pediatra e família, desde o primeiro contato, estão compromissados em um vínculo alienado e alienante que se sustenta em uma relação assimétrica de onipotência/impotência, em que nós pediatras carregamos o estigma de curadores de sintomas, tudo isso condicionado por:

1. Nossa própria história pessoal.
2. Nossa falta de treino para atender outras situações que não seja a eliminação de sintomas.
3. Falta de experiência e tempo para refletir sobre nossos pacientes.
4. A própria exigência sociocultural.

Assim resulta quase impossível realizar uma abordagem humanística, global e integrada das famílias que nos consultam.

Confirmando estes conceitos, existe uma interessante pesquisa de 1992, feita por um pediatra em sua clínica em Paris com 100 (cem) pessoas não escolhidas, em um período de 15 dias. Com a intenção de conhecer as expectativas dos pais, formulou a seguinte pergunta em um papel:

O que vocês esperam de seu pediatra nos quadros agudos de doença e fora dela?

Junto a essa folha, entregou um envelope já selado para remeter a resposta anonimamente pelo correio. As respostas foram:

1. Fase aguda: os pais esperam disponibilidade, assistência telefônica, competência, segurança, firmeza, sinceridade, clareza e tranqüilidade.

Até aqui nenhuma novidade, porém algumas respostas acrescentara novos conceitos:

- O saber escutar, consulta sem pressa.
- A necessidade de fazer uma aliança terapêutica, direito do

médico a duvidar, relação pediatra/família como algo que melhora o estado de ânimo dos pais.

Conclusão: os pais estão angustiados pela enfermidade do filho (angústia de morte) e ansiosos e culpados pelo ritmo de vida moderna, ajudados pelo pediatra poderiam funcionar melhor, já que as doenças podem mobilizar, às vezes, mudanças desde antes desejadas. Devemos esvaziar a angústia com nossa atitude técnica, rápida e segura, isto é básico e indispensável tanto no diagnóstico quanto no tratamento, porém faço uma ressalva: os aspectos técnico-científicos estão vivenciados exageradamente como "salvadores" pela sociedade como um todo (incluindo médicos e famílias).

2. Fora da doença: a) os pais solicitam uma relação calma e amena que lhes dê confiança; b) querem que o médico dialogue tanto com os pais, quanto a criança; c) que ofereça informações antecipatórias sobre o desenvolvimento normal e as crises previsíveis (prevenção); d) consulta com dimensão psicológica; e) pediatra como conselheiro e pedagogo; f) necessidade de falar e serem ouvidos; e g) pediatra como médico da família.

Gostaria de fazer dois comentários sobre a pesquisa:

1. Sobre o sintoma: é um direito da criança – pode corresponder a uma doença aguda ou crônica, porém sempre é uma linguagem, os pais podem apoderar-se dele ou fabricá-lo, ou não entendê-lo e nós, os pediatras, deveríamos tentar evitar fazer uma medicina simplista, fácil, que não incomode aos pais e que seja rentável para nós, que se poderia denominar: *do sintoma à receita*.

2. Sobre o nosso instrumental técnico: cada pediatra responde à demanda familiar segundo sua história, experiência, sua ideologia e os seus limites (é bom tê-los), já que tão perigosa quanto a atitude organicista inveterada, é a atitude irresponsável do psicologismo, que muitas vezes encobre o desconhecimento sobre as doenças infantis, que é o ponto básico de nosso trabalho.

Com certeza, sempre vai existir uma interação possível entre a expectativa dos pais e a proposta real, não idealizada do pediatra.

Assim sendo, na medida em que consigamos progredir na compreensão de como são gerados os processos de enfermidade, observamos como o nosso campo de ação se torna intrincado e complexo, porém ao mesmo tempo mais vivo e produtivo. Poderíamos talvez identificar os mecanismos psíquicos através dos quais o pediatra pode influenciar a criança e sua família, e vice-versa como o grupo familiar pode em um plano inconsciente influenciar a nossa atitude clínica na consulta e no receituário. Se não percebemos estas situações podemos favorecer o aparecimento de um triplo curto-circuito:

1. Entre o corpo e a mente da criança.
2. Entre a criança e a sua família.
3. Entre a família e a sociedade.

Utilizando elementos integradores e um duplo enfoque na consulta pediátrica poderemos trabalhar com eficácia e adequação não deixando cristalizar duas situações muito perigosas que comprometem nossa tarefa e o bem-estar da criança e sua família que são:

1. A criança sob risco psicológico.
2. Pediatra sob risco terapêutico.

Neste fim de milênio, existe um diálogo que pode chegar a ser frutífero para todos, apesar de que ainda se observem resistências e desentendimentos. Hoje é possível achar o tempo e local para encontros como este de hoje, que servem como reflexão interdisciplinar. Nada está concluído, temos que continuar trabalhando, sofrendo críticas dos grupos mais resistentes às mudanças, devemos reconhecer que somos gestados na terra e não no céu, assim não somos completos e portanto temos um movimento constante entre a perfeição e o vício. Porém, repito, algo de bom está acontecendo, como se uma fresta ficasse aberta, e por ela entrasse um ar fresco, não poluído, com um gostoso cheiro de idéias humanistas. Podemos começar a pensar que os pediatras sejamos basicamente especialistas em pessoas, antes que qualquer coisa, pessoas que às vezes padecem doenças e que por estar imersas na comunidade, e dentro da família, padecem de outros problemas, cuja solução requer um enfoque mais amplo, que não é com certeza o que surge habitualmente quando procuramos com desespero doenças que não existem e medicalizamos estupidamente a vida da criança e da família.

Tenho 52 anos e 28 de pediatria e peço a vocês psicanalistas que nos ajudem aos pediatras e médicos em geral a entender que:

a) A transferência e contratransferência existem em toda a relação humana, não só em psicanálise.

b) A ansiedade forma parte da nossa tarefa.

c) Devemos respeitar o ritmo das pessoas e das famílias, com muito cuidado, companhia e paciência podemos colaborar no melhor desempenho e adequação.

d) A família é um local de afetos e conflitos de que devemos cuidar muito e sempre.

e) É importante olhar para si próprio, para as outras disciplinas e para a sociedade com um olhar diferente.

Esse último parágrafo sobre o olhar me lembra uma história de Eduardo Galeano, escritor uruguaio, sobre um menino pobre que morava em uma pequena cidade, em uma região árida, longe da costa e do mar.

Ele nunca tinha visto o mar a não ser em fotografia de uma velha e rasgada revista, conhecê-lo era seu mais fervoroso desejo. Porém o pai trabalhava muito e apenas conseguia sustentar a família com muita dificuldade. A criança continuava insistindo com respeito e delicadeza em seu pedido. Com o tempo e esforço o pai consegue juntar um dinheiro a mais, que lhe permite aceder ao velho e maravilhoso sonho do filho. Após longa e incômoda viagem chegam ao seu destino, a criança fica em êxtase, descobre a areia fina e quente, o mar com seus verdes e azuis surpreendentes em constante metamorfose, a espuma branca, as ondas, o horizonte sem limites. E aí, pegando delicadamente a mão forte e calejada de seu pai, diz com ternura e admiração, os olhos enormes e marejados de lágrimas:

— Ô meu pai, o senhor me ajuda a olhar, tem tanta coisa para ser olhada!!!

Bonita e gratificante nossa tarefa – mostrar aos outros como olhar com uma maior abrangência.

6

A DOENÇA NO CORPO: EFEITOS DO CONTEMPORÂNEO OU RESULTADO DE UMA NOVA LEITURA

Wagner Ranña

Primeiro eu queria dizer da minha satisfação muito grande de estar aqui no evento da Psicanálise da Criança. Considero esta minha participação como um dos momentos mais importantes do meu percurso profissional. Tenho um vínculo muito grande com o Sedes, uma instituição -- como bem disse o Leonardo – democrática e carinhosa. É uma grande satisfação estar aqui como membro do Sedes e também a convite da Psicanálise da Criança.

Quero parabenizar o Departamento de Psicanálise da Criança pela brilhante idéia da forma que foi dada a este evento. Confesso que quando fui convidado pela Dione e pela Cecília para participar e, outras pessoas também participaram nesse convite, fiquei muito implicado e muito motivado, pois a interdisciplinaridade sempre me atraiu, principalmente no campo entre Pediatria e Psicanálise. E veio muito ao encontro da maneira como eu penso esta questão da produção do conhecimento no campo da subjetividade, como sendo uma questão interdisciplinar.

As questões interdisciplinares que envolvem a Pediatria e a Psicanálise acompanham-me desde o tempo da faculdade, pois eu queria fazer psiquiatria e fui trabalhar na *Comunidade Terapêutica Enfance*. Foi uma rica experiência compartilhar os conhecimentos do professor Dante Di Loreto. Depois optei pela residência de Pediatria, que era um ambiente bem mais aberto à psicanálise, sob a orientação do Prof. Eduardo Marcondes e da Dra. Dulce Machado, onde tive o prazer de trabalhar com o psicanalista Leopoldo Nosek, que muito me ajudou neste percurso. E aí esse caminho revelou-se fascinante pois abriu-me o campo da psicossomática da criança, envolvendo-me com as questões da psicanálise.

Eu vou tentar falar um pouco da psicossomática da criança, escolhendo um caminho que me pareceu pertinente ao evento. É apenas uma escolha dentre outras, mas enfim como diz Caetano Veloso: "cada um sabe a dor e a delícia de ser o que é...". Vou seguir dois eixos na minha exposição: o da psicossomática e o das "novas doenças da alma" na contemporaneidade.

A psicossomática contemporânea

A psicossomática de repente está em evidência e isso ocorre como um problema contemporâneo em função do progresso na prevenção e cura das doenças ditas orgânicas e em função de um melhor entendimento sobre o adoecer humano, decorrente das contribuições da psicossomática psicanalítica, deslocando o eixo das doenças para o campo da subjetividade. Na Pediatria hoje, e cada vez mais daqui para o futuro, está havendo um predomínio das patologias que podemos considerar como relacionadas com as vicissitudes do processo de subjetivação. A Pediatria corre o risco de desaparecer, tal como está ocorrendo com a Clínica Médica Geral e fragmentar-se em várias especialidades, se não aumentar o seu campo de interlocução com a Psicanálise.

Dessa forma, antecipando a resposta colocada no tema da minha palestra, as doenças no corpo são efeitos dessa dupla questão: de uma contemporaneidade, na qual existe uma nova ordem de libidinização do corpo infantil, que resulta em novas formas de constituição do infantil; e de uma nova leitura dos distúrbios somáticos, que inclui a perspectiva psicossomática.

Antes vou falar da psicossomática. Os fenômenos psicossomáticos sempre estiveram muito presentes na medicina, tendo sido observados desde o início da sua história. A psicossomática é uma coisa intuitiva. Hipócrates já percebia isso.

Sabemos que o deprimido adoece mais; que o sujeito, quando está vivendo situações de desemprego, de separações ou de perdas, também tem maior chance de adoecer. Enfim, toda situação de stress na vida do homem pode levar a adoecimentos somáticos ou psíquicos. O que evoluiu foi a maneira como se entendem os processos implicados no adoecer psicossomático.

Entre as especialidades da medicina, a pediatria é uma das que mais contribuíram para o entendimento dos fenômenos psicossomáticos e que mais se deslocaram em função do impacto proporcionado pelos conhecimentos advindos da psicossomática psicanalítica. Muitos psicanalistas, entre eles alguns importantes como Winnicott, Spitz, Kreisler, Kramer, foram ou são pediatras. A pediatria sempre teve essa via de mão dupla com a psicanálise.

Os efeitos da subjetividade na origem e evolução das doenças podem ser constatados em diversas situações. Para citar um exemplo podemos falar do efeito placebo, que é um fenômeno conhecido e amplamente reconhecido. Às vezes um remédio vale mais pelo nome ou por quem o prescreve, do que pela sua ação bioquímica. O próprio Balint, médico que estudou muito essas questões, dizia que o médico é uma espécie de medicamento, querendo com isso discutir o papel da transferência na relação médico-paciente e seus efeitos psicossomáticos, especialmente os terapêuticos.

O conhecimento nesse campo cresce de maneira tal a formular-se que para o ser humano existe uma outra concepção epistemológica do adoecimento, indo além dos aspectos biológicos. O ser humano não é um ser que parou sua constituição no plano biológico, e a fisiologia do ser humano é diferente, à medida que o homem passa a viver sobre a influência da cultura. Através do processo de subjetivação e de estruturação do aparelho psíquico, a constituição do aparelho de linguagem, como coloca Jacques Lacan, existiria uma outra forma de se entender a doença no homem, o que ele chama de *epistemossomática*. A biologia do ser de linguagem é subvertida, ela se deforma para estruturar-se numa outra lógica, que não é a lógica do instinto, a lógica da biologia, mas na lógica da pulsão. Desta forma mitos, desejos e fantasias têm seus efeitos no equilíbrio psicossomático do homem, não só as bactérias ou os vírus.

Pierre Benoit, outro médico que estuda muito a psicossomática, propõe o termo de *metabiologia humana* para destacar as diferenças dos processos do adoecimento no corpo pulsional. A experiência nesse campo representa um impacto incrível que nos deixa admirados, tal a influência do psiquismo na origem e na evolução das doenças do homem.

A psicossomática deve se basear em pelo menos dois princípios. Aceitação dos avanços tecnológicos da medicina contemporânea, colocando-se em harmonia com eles. Assim sendo, a psicossomática não é uma outra maneira de se fazer medicina, mas é uma maneira de introduzir uma outra leitura sobre o adoecer humano, sem abrir mão dos avanços tecnológicos fantásticos da medicina no século XX. E ela deve ter como referência as concepções psicanalíticas sobre o aparelho psíquico do homem formuladas por Sigmund Freud e outros psicanalistas.

Até o século XIX o exercício da medicina era fortemente marcado por uma visão humanista, exercendo o médico uma influência grande sobre os sujeitos. O médico era mais uma espécie de conselheiro do que um cientista da cura. Essa coisa de querer ser cientista da cura – e com grande êxito, não resta dúvida – começa no século XIX com as concepções da medicina científica. Vão ganhando espaço as concepções sobre o processo do adoecer humano enquanto lesões e disfunções do aparelho biológico. A medicina no século XX, na sua concepção cartesiana, que separa o corpo da mente, tem um progresso fantástico.

Mas aos poucos vai sendo valorizada, até como sinônimo de eficiência, a objetividade. Essa é uma questão importante, pois a medicina tem a necessidade da objetividade. A medicina é a relação do conhecimento com a doença. Assim médico e doente estão excluídos enquanto sujeitos no contexto da clínica. Isso não implica a exclusão da subjetividade. Implica sim que a medicina não dá conta de captar a subjetividade, sendo ela campo de outra ciência: a psicanálise. O médico acha que a objetividade vai dar eficiência ao seu diagnóstico e, de certo modo, isso é verdade e a subjetividade é vista como um peso, como uma coisa que atrapalha. Aí está um erro da prática médica atual, que resulta num reducionismo perigoso, pois nunca foram vistas tantas críticas à medicina e ao modelo biomédico na contemporaneidade, exatamente no ponto aqui discutido.

O corpo erógeno, o corpo pulsional, que é a representação psíquica do corpo biológico, se faz presente, apesar de desconsiderado. Ele faz a sua presença nas falhas e nos fatos nos quais os médicos falam: "o doente não tem nada". É esse o enigma contemporâneo para a medicina: não tem nada, mas está sofrendo. E quem sofre é o sujeito.

A necessária articulação entre corpo e mente e os conhecimentos dessa outra fisiologia do corpo pulsional no processo de saúde e doença foram objetos de estudos científicos no século XX. Houve um desenvolvimento que eu também considero fantástico nas formas e nas leituras sobre a subjetividade do homem. Aí temos a grande contribuição da psicanálise. Aos poucos a psicanálise vai se estruturando enquanto uma outra ciência, a ciência da escuta. Então a gente pode dizer que a psicanálise faz esse par dialético e coloca essa cunha interdisciplinar, na qual uma disciplina interroga a outra e evita que ambas assumam uma posição narcisista e onipotente. A medicina é a ciência do olhar e o olhar instrumentado pela objetividade da tecnologia computadorizada; por outro lado, a psicanálise é a ciência da escuta, posição desde onde captamos a subjetividade.

Esse papel contemporâneo e importante da psicanálise vai se desenvolver muito neste século. Freud chegou a dizer que as doenças orgânicas deveriam ser objeto das terapêuticas médicas, não entrando muito nessa questão, embora conceitos como o de pulsão e da dualidade pulsional, em pulsão de vida e de morte, entre outros conceitos do grande mestre, vão contribuir para o campo de interlocução com a medicina. Assim, seguindo os pontos iniciais de Freud, nos últimos cinquenta anos alguns psicanalistas têm experiências psicanalíticas com doentes orgânicos, sendo gradualmente estabelecidos os princípios e as adaptações psicoterapêuticas nesse terreno.

A psicossomática contribui no sentido de dizer que o psiquismo estruturado com eficientes mecanismos mentais de defesas neuróticas e psicóticas, é importante para proteger o indivíduo nas vicissitudes que a vida lhe oferece em termos dos desequilíbrios psicossomáticos, evitando a ocorrência de fenômenos somáticos.

Essa idéia, que foi formulada pela escola francesa, não pode ser tomada como a cartilha de orientação para a vida eterna porque a doença ocorre de qualquer maneira. Mas um bom aparelho psíquico ajuda, interfere de maneira evidente na história natural das doenças. Nós sabemos, a partir de inegáveis constatações, que as excitações somáticas necessitam do apoio do aparelho psíquico, do aparelho de linguagem, para se organizarem de forma harmônica e sintônica. O aparelho psíquico e o aparelho de linguagem têm a capacidade de alterar e subverter a fisiologia humana, tanto no sentido da doença, como no sentido da saúde.

A importância da psicossomática da criança, nesse contexto, é que o processo de articulação ponto a ponto entre o psíquico e o somático, a chamada organização pulsional, inicia-se desde o momento do nascimento. Constata-se assim a importância das etapas iniciais da vida na origem dos pontos frágeis da estrutura psíquica do sujeito predisposto à somatizações.

A escola de psicossomática psicanalítica francesa fez essa colocação e convidou então os pediatras e os psicanalistas de crianças a estudarem o fenômeno psicossomático da criança, no intuito de comprovar que a formação e a estruturação de uma vulnerabilidade psicossomática se encontravam em etapas iniciais da organização do sujeito. Então a pediatria e a psicanálise da criança passam a ser campos de pesquisa e de entendimento desses fenômenos tão conhecidos e tão enigmáticos. Esse aspecto teve o mérito de fundar a *psicopatologia do bebê*, que hoje sabemos ser eminentemente psicossomática. A psiquiatria dos momentos do bebê é psicossomática. Desde esse ponto emerge um novo paradigma para a Pediatria e para a Psicanálise.

Contemporaneidade e novas doenças

A teoria das pulsões formulada por Freud pode ser útil para entendermos as doenças contemporâneas, principalmente na vertente da pulsão de morte. A partir dessa teoria, Freud passa a reconhecer não só o papel da sexualidade, da libido ou de Eros, no funcionamento psíquico humano, mas passa a reconhecer também a importância da agressividade e da destrutividade, não só secundárias a uma frustração, mas como primárias e constitutivas do humano. Constata-se a natureza agressiva e destrutiva do homem e as suas tendências autodestrutivas, que vão exercer forte influência na psicossomática psicanalítica contemporânea. Talvez por influência da sua própria doença, pelas barbáries da Primeira Guerra Mundial, ou ainda pelo contexto de perseguições políticas, étnicas e religiosas na Europa das décadas de 20 e 30, Freud, depois de ter chamado a atenção para o papel de Eros na subjetividade humana, nos alerta para os poderes de Tanatos, principalmente na sua vertente da compulsão à repetição, freqüentemente revelada no adoecer somático.

A psicanálise se volta então para o estudo de situações bastante freqüentes, tais como a negligência do sujeito para com a sua doença, a tendência de alguns sujeitos a buscar situações de risco, de repetir episódios de acidentes graves, levantando-se a questão da busca inconsciente da morte e da repetição como forma de o aparelho psíquico lidar com moções transbordantes de excitação. Com a formulação do conceito de pulsão de morte, passa-se a pensar então no mecanismo da implicação do sujeito que não pensa, nega e denega a morte, mas por outro lado negligencia a vida na busca de uma excitação inesgotável, que não se submete às leis do princípio do prazer, mas ao desgoverno da economia do gozo.

Isso nos coloca diante de temas bem contemporâneos, como afirmado acima. Por exemplo, podemos partir do estudo sobre a mortalidade no Brasil, o qual revela que nos últimos anos houve um decréscimo significativo da mortalidade nos primeiros anos, de zero a cinco. Por outro lado, ocorre um aumento na mortalidade dos jovens no Brasil entre as idades de 15 a 25 anos e a atenção deve se deslocar para esta faixa etária. É como se estivéssemos em guerra. A quantidade de jovens entre 15 e 25 anos que morrem no Brasil é uma coisa que chama a atenção do mundo inteiro. E são mortes por causas violentas. São dados que têm por trás aspectos da vida contemporânea, marcada pela drogadição, pela violência e outras expressões da ausência de pespectivas diante de um real que destrói a subjetividade. Contribui para esse cenário a falta de castração, do limite, do barramento ao gozo. Esta talvez seja a nova Psicopatologia, não da vida cotidiana, mas da vida contemporânea, marcada pela conseqüência da hegemonia das intensidades e do real no trabalho, no esporte, no alimentar-se, nas drogas, na violência e no afeto, em detrimento da vida imaginária e simbólica.

No início do século XX a histeria era o quadro psicopatológico predominante, talvez em conseqüência da grande repressão sexual e enorme rigidez nos padrões de comportamento social. No final do século XX a sexualidade é visível e menos reprimida. Assim os casos de histeria são menos evidentes. Hoje a morte passa a ocupar um lugar de destaque no negado, no proibido, no tabu e no fetiche. Talvez em função disso, a psicopatologia da pulsão de morte esteja em evidência, sendo a psicossomática uma das vertentes desse panorama.

Na mesa de ontem, houve uma discussão que abordou, de certa forma, esse problema das expressões psicopatológicas da intensidade, do gozo, da falta do corte e do limite. A questão do sujeito que não se coloca na posição de estar barrado, limitado diante do desejo e entra numa busca ilimitada de objetos. A questão que a Maria Rita colocou do risco do giz no chão. Antes se sofria porque esse giz não era um giz no chão, era uma parede de concreto impedindo o sujeito na sua expressão subjetiva. Hoje em dia não tem nada que faça o barramento. Vivemos a falência da função paterna no sentido da metáfora lacaniana. O excesso de excitação e o zero de excitação, para o aparelho psíquico, são iguais. O excesso de recalque é igual à sua falta.

A psicossomática da criança vem contribuir muito para essas idéias à medida que o estudo com a criança leva ao entendimento das vicissitudes das excitações, principalmente nos primeiros momentos da organização da subjetividade e da organização pulsional, quando ainda não existem as defesas da intermediação pela linguagem e a criança é totalmente dependente do outro.

Leon Kreisler fala muito do excesso de excitação, da falta de excitação, ou dos descompassos da excitação vivenciadas pela criança enquanto objeto de investimento pelo outro da maternagem. Para Kreisler essas três situações da organização pulsional no bebê estão na gênese dos distúrbios psicossomáticos e em última análise são estruturas de funcionamento psicossomático do sujeito que implicam o outro: é do outro, é para o outro ou com o outro. E na experiência clínica com os distúrbios psicossomáticos da criança sempre encontramos um outro que, pela intrusão, coloca a criança como parceiro neste excesso de gozo.

O hospitalismo de Spitz, bem como o vazio depressivo da criança, com as suas clássicas desorganizações psicossomáticas, são exemplos da situação de falta. O filho da mãe depressiva, ausente e deslibidinizada, também compõe esse cenário.

Hoje encontramos com mais freqüência os quadros de desorganização e do excesso, que se expressam nas alergias, nas infecções recorrentes, nas dores recorrentes e principalmente nas neuroses de comportamento. São as crianças com uma grande desorganização na sua guarda; de colo em colo, de creche em creche; o bebê da mãe impulsiva e agressiva, ou ainda a criança que convive com a violência das relações parentais.

Está na moda a chamada Hiperatividade, que se refere a crianças de comportamento hiperativo, supostamente resultados de disfunções ou lesões discretas no cérebro e não podemos negar a sua existência em alguns casos. Porém a clínica dos distúrbios funcionais da criança, por sua vez, coloca a questão da neurose de comportamento, afirmando que essas estruturas têm um comportamento cortado da infiltração fantasmática, preso ao real. Cada brinquedo dura no máximo o tempo de 1 minuto, suficiente para mexer, ver quais são os barulhos que ele faz e destruí-lo.

Esses casos chegam muito em nossos consultórios na atualidade e têm uma história riquíssima de eventos psicossomáticos. Infelizmente são tratados com medicamentos por clínicos de orientação em Neurologia, mas deveriam ser abordados pela psicanálise advertida para estas colocações.

Quando estudamos esses casos pela técnica da escuta psicanalítica, constatamos um panorama no qual a criança é colocada no lugar daquele que vai preencher o vazio do outro que não elaborou sua própria castração. São os filhos da superpresença, que não vivenciam a ausência e a falta. O filho do amor narcísico, tomado como objeto de realização narcísica dos pais.

A clínica contemporânea está cada vez mais diante dessa crescente morbidade, em que ocorrem as patologias da ausência da castração.

Para ilustrar essas questões vamos apresentar um caso clínico. Trata-se de uma criança, que vamos chamar de Katia e que tinha sete meses quando foi atendida pela primeira vez no serviço de urgência do Instituto da Criança, Hospital das Clínicas, F.M.U.S.P, sendo seguida no serviço até a idade de sete anos. O atendimento ocorre em função de a criança ter apresentado crise de vômitos sanguinolentos e evacuações escuras. Estava muito pálida e abatida.

Foi diagnosticado um sangramento gástrico e uma anemia, confirmados na endoscopia e no hemograma. Ficou internada para receber transfusão e medicamentos para gastrite.

Encaminhada para o Ambulatório para seguimento verifica-se que a criança vinha apresentando intercorrências clínicas desde os três meses. Tinha tosse e febre com freqüência; aos quatro meses teve broncopneumonia; apresentava recusa alimentar e vômitos a partir dos cinco meses. Havia um mês vinha apresentando fezes escuras.

Tinha crescimento normal, peso um pouco baixo para a altura, sem outras alterações no exame físico. Os médicos do ambulatório verificaram uma alteração no comportamento da criança, que era retraída, hipoativa e esquiva na interação pelo olhar.

Os exames confirmaram uma anemia, sendo que os demais foram normais. A Endoscopia Digestiva apresentava uma gastrite superficial com pontos hemorrágicos.

Nos três meses de seguimento no ambulatório nenhuma causa para o sangramento foi constatada. Apenas suspeita-se de uma alergia alimentar. Apesar de estar recebendo medicamentos para gastrite tem mais duas crises de sangramento gástrico, como na primeira vez, necessitando de transfusões. Além disso teve duas otites e passa a ter crises de broncoespasmos. Continua com dificuldades alimentares e vômitos, principalmente quando é a mãe que lhe dá as refeições. O comportamento continua inalterado.

É proposta uma investigação psicossomática para conhecer aspectos subjetivos do caso. No Serviço de Psicologia e Psiquiatria do ICR estabelece-se um contrato terapêutico com atendimentos semanais com a mãe, o bebê e o pai, quando necessário, o que foi aceito pela mãe.

Os atendimentos são sempre iniciados com a técnica da "observação de bebês na situação estabelecida" de Winnicott e a escuta da fala dos pais sobre representações do bebê, seus sintomas e comportamentos, inclusive na situação estabelecida, além dos aspectos subjetivos sobre a gravidez, da função materna ou paterna, procurando identificar o lugar do bebê no inconsciente dos pais.

Quando os atendimentos são iniciados, a criança está com um ano de vida. Diante da espátula fica siderada, imóvel, com o olhar fixo para baixo. Recusa olhar para a espátula.

Fica nesta situação até interrompermos a observação. Não olha para o terapeuta. Recusa-se a ficar em pé e fica esquiva quando é pega no colo.

A mãe relata que esta casada há três anos, tendo vinte e nove anos e o marido vinte e seis anos. Diz que o marido é bom companheiro, que a ajuda nos cuidados com a criança, embora tenha pouco tempo para isto.

Teve uma gravidez anterior complicada com ameaças de aborto, necessidade de repouso para evitar sangramentos, culminando num parto prematuro e óbito logo após o parto. A gravidez de Katia seguiu o mesmo padrão, porém o parto foi normal, chegando ao termo. Mas a partir do nascimento inicia-se uma grande dificuldade com a função materna, que é tomada por sentimentos fóbicos e às vezes paranóicos. Não teve coragem de olhar para a criança. Tinha medo de pegá-la no colo se a avó materna não estivesse ao lado. "Tenho medo de machucar ou de derrubar o bebê." O bebê não aceitou a amamentação e não come nada quando ela vai alimentá-la. Come um pouco com a avó materna ou com o pai.

Por outro lado sente-se diante de um desafio, pois quer ser uma mãe "normal". Chegou até trabalhar como voluntária numa creche para pegar nos bebês e alimentá-los, no que até conseguiu algum êxito, mas com Katia sente-se bloqueada.

Na investigação sobre os dados históricos da mãe relata que sempre teve problemas emocionais. Na adolescência deprimiu-se e ficou obesa. Chegou a ser tratada por um psiquiatra.

Atualmente tem crises de angústia. Sonha sempre que está sendo morta. Não pode ver uma faca que sente muito medo, tendo pedido para o marido escondê-las.

Fala, em um momento mais avançado da terapia, de seu pai. Para falar do pai fica emocionada e tudo é falado com muita dificuldade, necessitando do apoio do terapeuta. Relata que o pai era agressivo e violento com ela e com a mãe (avó materna), tendo tornado sua infância um tempo muito sofrido. Ela como filha mais velha era o alvo das agressões do pai, que chegava a ameaçar a mãe de morte. Sentimentos muitos ambivalentes são ligados ao pai, que atualmente vive só, sendo ela a única filha que procura saber como ele está.

Nos atendimentos trabalhamos a hipótese de uma neurose materna com sintomas fóbicos e obsessivos. É um sujeito que está mal-instalado na vida adulta, como mulher e mãe. O bebê é capturado pela neurose materna, ora no lugar da mãe e a mãe no lugar do pai, ora o bebê no lugar do pai, temido e desejado. Os conflitos na relação com o pai são repetidos na relação com o bebê. A organização pulsional do bebê fica comprometida.

Na medida em que as sessões com a mãe vão enfocando os aspectos acima destacados, o comportamento da criança na "situação estabelecida" vai se deslocando, ocorrendo uma circulação pulsional cada vez mais livre, sendo os objetos e pessoas olhados, tocados e mordidos, sem violência. A mãe consegue alimentá-la e pegá-la sem medo. A função materna passa a ser desempenhada livre dos fantasmas que a capturaram e o bebê passa a ser submetido a uma outra ordem de subjetivação.

Os sintomas somáticos desaparecem e quando o bebê situa-se de forma adequada na interação e na situação estabelecidas, os medicamentos e as restrições alimentares são suspensas.

À mãe é sugerida uma psicoterapia individual e Katia volta a ser seguida pelo Ambulatório de Pediatria, sendo vista no Serviço de Psiquiatria em freqüência gradativamente espaçada, até a alta definitiva com sete anos, não tendo mais problemas psicossomáticos, nem de comportamento nem psíquicos.

É a partir dessas colocações e dessas concepções que devemos buscar novas formas de entendimento da doença do ser falante, novas formas para uma produção de uma pediatria mais advertida e novas contribuições para que possamos entender melhor os momentos primordiais e iniciais da constituição do aparelho psíquico. Aqui acredito que estamos falando de algo bem contemporâneo para as concepções sobre a infância e de conhecimentos produzidos numa interlocução entre Pediatria e Psicanálise.

Bibliografia

BALINT, M. *O Médico, seu paciente e a doença*. Rio de Janeiro: Livraria Atheneu, 1984.

BENOIT, P. *Psicanálise e Medicina*. Rio de Janeiro: Jorge Zahar Editor, 1989.

BIRMAN, J. *Enfermidade e Loucura*. Rio de Janeiro: Campus Ltda., 1980.

CLAVREUL, J. *A Ordem Médica. Poder e importância do discurso médico*. São Paulo: Brasiliense, 1983.

DEBRAY, R. *Bebês/mães em revolta*. Porto Alegre: Artes Médicas, 1988.

FREUD, S. (1920). *Mas allá del principio del placer*. Obras Completas. Madri: Biblioteca Nueva(OC_BN), 1981.

KREISLER, L. *A criança e seu corpo*. Rio de Janeiro: Jorge Zahar Editor, 1981.

—————. *A nova criança na desordem psicossomática*. São Paulo: Casa do psicólogo, 1999.

RANÑA, W. *Psicossomática e o Infantil*. In: Ferras, F. C. e Volich, R. M. Psicossoma. São Paulo: Casa do Psicólogo, 1997.

RANÑA, W. *Distúrbios Funcionais na Clínica Pediátrica*. In Marcondes, M. *Pediatria Básica*. São Paulo... Sarvier, ainda não publicado.

VOLICH, R. M. *Psicossomática*. São Paulo: Casa do Psicólogo, 2000.

WINNICOTT, D. W. A observação de bebês em uma situação estabelecida. In: *Textos selecionados: da pediatria à psicanálise*. Rio de Janeiro: Francisco Alves, 1978.

7

SEXUALIDADE INFANTIL: QUEM TEM MEDO DO LOBO MAU?

Maria Cecília Mazzilli Comparato

É a criança? São os pais? São os médicos? Os educadores? Somos nós, os psicanalistas? Danièle Brun, num artigo publicado pela *Pulsional*, "A criança, o pediatra e o psicanalista", em setembro de 1998, compara o psicanalista de criança com o Lobo Mau do Chapéuzinho Vermelho travestido de Vovozinha. Uma vovozinha boazinha, compreensiva, acolhedora, que se propõe a ajudar a criança a se livrar dos seus medos, angústias e fracassos através de uma atividade gostosa, leve, lúdica. E de repente, por detrás desta vovozinha, surge o verdadeiro psicanalista, o Lobo Mau, com esse assunto de sexo, Édipo, filho que quer comer a mãe, filha que quer ter um filho com o pai, bissexualidade, narcisismo, castração...

E essa comparação de Daniéle Brun me pareceu tão curiosa que fui procurar conhecer melhor a história do Chapeuzinho Vermelho. E para meu espanto vejo que foi publicada pela primeira vez há mais de 300 anos – em 1697. Perrault publicou-a com o nome de "Capinha Vermelha", uma menina inocente e encantadora engolida pelo Lobo Mau. Nessa história de Perrault fica bem clara a sedução da menina em relação ao lobo. Por exemplo, ela dá ao Lobo indicações claríssimas de onde fica a casa da avó: "perto daquela árvore... não... mais à esquerda!". E quando Capinha chega à casa da avó, o Lobo está na cama, não travestido de avó, como conhecemos na versão dos Irmãos Grimm. Este Lobo-Avó a convida para se deitar com ele. Ela tira a roupa, deita-se na cama e se espanta com a nudez do Lobo-Avó. Vai perguntando, então: "por que essa perna tão peluda?", "por que esses braços tão peludos?..." Com as perguntas, ela vai percorrendo o corpo do Lobo-Avó até chegar à boca, quando o Lobo-Avó diz "para te comer!". E come a Capinha Vermelha.

Assim termina a história: sem caçadores, barriga aberta, etc. E Perrault continua com um pequeno poema, no qual propõe uma moral a ser deduzida: "Meninas bonitinhas não devem dar ouvido a qualquer e todo o tipo de gente".

Mas, afinal, quem é esse Lobo Mau, esse psicanalista de crianças, que vem introduzir a questão da sexualidade infantil – tão ameaçadora, tão amedrontadora para todos nós, adultos?

É fundamental delimitar campos, definir conceitos. Essa é nossa tarefa hoje no que se refere à sexualidade infantil para a psicanálise. Pois sem a compreensão do que é psicanálise de criança, e o que a psicanálise entende por sexualidade infantil, continuaremos em debates surdos entre disciplinas (medicina, pedagogia), numa impossibilidade total de interlocução. E ficaremos nesses estereótipos, nessas frases tão conhecidas: "Ah, o pediatra? Mete-se a psicólogo, mas não tem nenhuma formação para isso na faculdade!"... "O neuropediatra? Fica só no orgânico, nesses exames sofisticados, tão intrusivos, não respeita a criança!"... "O psiquiatra infantil? Qualquer coisinha dá-lhe medicação! É vítima dos laboratórios!"... "Os educadores? Só pensam em desenvolvimento, maturação, adaptação, socialização"... "O psicanalista? Só trata da vida psíquica, do mundo interno! Está tão alienado do real, da vida! É tão frio, distante! A criança começa e não sai mais, fica numa dependência!".

Não é possível continuarmos eternamente nesses debates surdos. Mas a questão da sexualidade infantil não diz respeito somente aos opositores da psicanálise. Dentro do próprio campo psicanalítico essa questão central da psicanálise é muito controvertida. André Green, conceituadíssimo psicanalista da Sociedade de Psicanálise da França, numa conferência comemorativa do aniversário de Freud, em 1995, assim intitula sua palestra: "Sexualidade tem algo a ver com a psicanálise?". Em sua fala, alerta os psicanalistas "sobre o quanto nos últimos dez anos os artigos e periódicos psicanalíticos denotam uma falta de interesse pela sexualidade". Mais adiante, ele continua: "no que me diz respeito, não tenho medo de parecer antiquado ao dizer que não posso conceber o inconsciente diferente da visão de Freud, isto é, sem estar fundamentado na sexualidade e na destrutividade. Freud observou o quão raramente os pacientes se referiam ao elemento sexual. Repressão e resistência influenciavam a comunicação do paciente. Mas agora atingiram também os analistas!"

O próprio Freud, em 1938, no artigo "Análise terminável e interminável", denuncia o caráter ilusório que os esclarecimentos sobre sexo, iriam resolver o problema das relações humanas: "Estou longe de afirmar que essa iniciativa (esclarecimentos sexuais) seja nociva ou supérflua, mas superestimou-se o efeito preventivo dessa medida liberal. As crianças sabem alguma coisa que não sabiam até agora, mas nada fazem desses conhecimentos que lhes são oferecidos". Um pouco mais à frente, ele compara: "Elas se conduzem como os primitivos aos quais se impôs o cristianismo e que continuavam, em segredo, adorando seus velhos ídolos".

E, de fato, cem anos após a invenção da psicanálise, que tanto impacto causou ao trazer à tona a questão da sexualidade infantil, continuamos com imensa dificuldade de lidar com ela. Contardo Calligaris, psicanalista que nos é muito próximo e discute questões da maior relevância em suas publicações, em artigo na *Folha de S. Paulo* de 12/08/99, escreve que "a questão da sexualidade infantil não está longe de onde Freud a encontrou. De fato, continuamos a suscitar e, ao mesmo tempo, negar a sexualidade com atitudes ambivalentes e contraditórias. Ao mesmo tempo em que é erotizada com minissaias, batom, músicas como o tchan, bonecas sexys como a Barbie, a criança continua a ser vista como ingênua, pura, corrompida por adultos que dela abusam sexualmente; as nossas crianças não desejam, não têm fantasias, são sempre os outros que se aproveitam delas. E nos espantamos com o número crescente de adolescentes que engravidam..."

Voltando, portanto à nossa tarefa de hoje, vamos ver o que a Psicanálise entende por sexualidade infantil.

A sexualidade infantil foi assim denominada por Freud não porque se refira exclusivamente à criança, mas sim a esse caráter infantil do sujeito, esse desejo infantil, que nunca desaparece e continua a existir no adulto, emparedado, agindo "por debaixo do pano", via sintoma, por exemplo. A idéia da Psicanálise é que o resgate desse desejo infantil faz toda a diferença na vida do sujeito. Esse desejo humano é o desejo que Freud denominou pulsão – essa força, essa energia, esse conceito-limite entre o físico e o psíquico. E nesse momento me vejo impregnada por Laplanche que procura, nos seus trabalhos, decifrar o enigma da sexualidade humana, do inconsciente originado numa relação sexualizante com o semelhante humano – a mãe. Essa pulsão sexual que surge apoiada no biológico, inspirada no vital, na autoconservação, e vai dele se desviando. No início o bebê mama por "autoconservação", imediatamente nessa relação com o outro humano, a mãe, por meio de uma sedução intersubjetiva com o bebê, erotiza-o, pulsiona-o. E é; então, o motivo sexual que passa a compelir a viver. "Come mais essa colheradinha pra mamãe."

Essa é a noção de apoio: a sexualidade nascendo do exercício das funções vitais. E é por essa mesma via que a Psicanálise situará a compreensão do mundo humano: desejo, angústia, sintomas.

Walter Benjamim, filósofo alemão nascido em 1892, nos conta uma velha história, a história da "Omelete de Amoras", que ilustra bem o que a Psicanálise entende por desejo.

"Era uma vez um rei que chamava de seu todo poder e todos e todos os tesouros da Terra, mas, apesar disso, não se sentia feliz e se tornava mais melancólico de ano a ano. Então, um dia, mandou chamar seu cozinheiro particular e lhe disse: '— Por muito tempo tens trabalhado para mim com fidelidade e me tens servido à mesa os pratos mais esplêndidos, e tenho por ti afeição. Porém, desejo agora uma última prova de teu talento. Deves me fazer uma omelete de amoras tal qual saboreei há cinqüenta anos, em minha mais tenra infância. Naquela época meu pai travava guerra contra seu perverso vizinho a oriente. Este acabou vencendo e tivemos de fugir. E fugimos, pois, noite e dia, meu pai e eu, até chegarmos a uma floresta escura. Nela vagamos e estávamos quase a morrer de fome e fadiga, quando, por fim, topamos com uma choupana. Aí morava uma vovozinha, que amigavelmente nos convidou a descansar, tendo ela própria, porém, ido se ocupar do fogão, e não muito tempo depois estava à nossa frente a omelete de amoras. Mal tinha levado à boca o primeiro bocado, senti-me maravilhosamente consolado, e uma nova esperança entrou em meu coração. Naquele dia eu era muito criança e por muito tempo não tornei a pensar no benefício daquela comida deliciosa. Quando mais tarde mandei procurá-la por todo o reino, não se achou nem a velha nem qualquer outra pessoa que soubesse preparar a omelete de amoras. Se cumprires agora este último desejo, farei de ti meu genro e herdeiro de meu reino. Mas, se não me contentares, então deverás morrer.' Então, o cozinheiro disse: ' — Majestade, podeis chamar logo o carrasco. Pois, na verdade, conheço o segredo da omelete de amoras e todos os ingredientes, desde o trivial agrião até o nobre tomilho. Sem dúvida, conheço o verso que se deve recitar ao bater os ovos e sei que o batedor feito de madeira de buxo deve ser sempre girado para a direita de modo que não nos tire, por fim, a recompensa de todo o esforço. Contudo, ó rei, terei de morrer. Pois, apesar disso, minha omelete não vos agradará ao paladar. Pois como haveria eu de temperá-la com tudo aquilo que, naquela época, nela desfrutastes: o perigo da batalha e a vigilância do perseguido, o calor do fogo e a doçura do descanso, o presente exótico e o futuro obscuro.' Assim falou o cozinheiro. O rei, porém, calou um momento e não muito tempo depois deve tê-lo destituído de seu serviço, rico e carregado de presentes."

Denunciando o engodo do rei, o cozinheiro fala da diferença entre a necessidade (a fome) e o desejo, ligado a circunstâncias intersubjetivas.

Na vida cotidiana, temos vários interesses e necessidades: temos que cuidar de nossa sobrevivência física, psíquica e social. Pais, professores, médicos cuidam da criança, educam a criança no sentido que ela vai, aos poucos, podendo cuidar de si mesma. E todos esses cuidados são essenciais para a vida do sujeito.

O pediatra, e é com ele que nos propomos a interlocuções hoje, ao longo dos anos que atende a criança e os pais, estabelece com eles um vínculo de confiança, e não deixa de atribuir grande importância à influência dos fatores psíquicos, e da relação entre os pais na saúde física e mental da criança. Ele se torna um orientador da família, e é levado não a praticar a psicologia sem sabê-lo, mas a se mostrar psicólogo para exercer sua função.

Ele encaminha facilmente a criança para outros especialistas médicos, quando necessário.

Mas que dificuldade tem para aconselhar a procura de um psicanalista! E surgem argumentos: tão caro, tão demorado...

E aqui levanto minha hipótese. Essa dificuldade que psicanalistas, pediatras, educadores têm de lidar com o "Lobo Mau" é causada pelo fato de os sintomas da criança serem reveladores de conflitos internos, causados todos pela "sexualidade infantil", existente em todos. Essas forças que não querem saber de nada da adaptação e dos interesses, que se relacionam à angústia, às capacidades e incapacidades existenciais, e certamente ao prazer e à felicidade – ao desprazer e à infelicidade – humanos. E como é difícil para o adulto lidar com essas angústias!

E nenhum de nós quer pôr a mão nesse vespeiro.

Vou relatar uma situação clínica que mostra a grande dificuldade e ambivalência do adulto em relação à impotência e paralisação diante da vida.

Fui procurada por uma mãe, pedindo "ajuda para seu filho", um menino de 5 anos, que vou chamar de "Pedro", esperto e inteligente, mas com grande dificuldade de se adaptar à escola, medo de ficar sozinho, ansioso, agitado, falando muito em morrer.

A mãe descreve situações muito instáveis na família, com muitas perdas.

Tive umas entrevistas com a mãe, e fiz observações lúdicas com o menino, que de fato estava muito angustiado, falando e "brincando" de lutas, guerras, situações sempre muito agressivas e auto-agressivas.

O pai estava viajando, e assim que chegou tive uma entrevista com o casal e qual não foi meu espanto quando ele relata que o filho foi gerado por uma fecundação artificial. A mãe percebe o meu espanto, e me diz: "Mas isso não foi problema nenhum para nós. Foi tudo muito fácil!".

E o pai continua a falar sobre o quanto se preocupava com a fragilidade do menino, que não reagia "aos desafios dos amigos. Quando eles vêm contar vantagens, digo para eles: — Mas Pedro come todas! Comeu até a Tiazinha!".

E a mãe intervém: "Acho isso tão exagerado! Ele colocou pôsteres da Tiazinha por todo o quarto de Pedro!"

O pai fica um pouco sem jeito, mas retruca: "Mas é você que não larga ele, que o trata feito um bebê". E esse quarto da Tiazinha nunca era utilizado por Pedro que dormia sempre na cama dos pais.

Nessa denúncia mútua, vemos cada um deles remetido e confrontado com a própria sexualidade infantil e como essa afetará a criança e determinará o seu sintoma.

Proponho aos pais algumas entrevistas com o casal antes de dar início à análise, e, como o pai vai viajar e Pedro está muito ansioso, começo a atendê-lo. Surge um fato interessante. Ele cria uma personagem, o "Super-Herói-Bicha" e pergunto:

— Super-Herói-Bicha?!

— É, tia, vê, ele tem olhos azuis! (E me lembro que o pai tinha olhos azuis.)

Um dia, a mãe me telefona: " — Pedro está ótimo, dormindo sozinho, não tem mais medos. Você é chamada aqui em casa de Santa Cecília."

E surge um mecanismo no qual, na minha santidade, eu perco a sexualidade. Vocês podem imaginar a minha sensação com essa conversa sedutora.

Convoco imediatamente os pais para uma entrevista, mas as dificuldades são tantas que não consigo entrar em contato com eles. E, de repente, nem com Pedro! Numa atitude violenta, suspendem as sessões da criança, dizendo que ele voltaria mais tarde. E, apesar de meu imenso esforço, não consigo mais falar com os pais.

Na transferência, se condensou na minha figura, o papel materno da Santa Cecília, a Santa Maria Virgem, que concebeu o filho sem ter relações sexuais e o papel paterno, o do "Super-Herói-Bicha", impotente.

Se o Lobo Mau é tão ameaçador, não é escapando dele que resolveremos nossos conflitos. Devemos nos lembrar de que é esse mesmo Lobo Mau que nos compele a procurar sempre a "Omelete de Amoras".

Bibliografia

BRUN, DANIÈLE. A criança, o pediatra e o psicanalista, *"Pédiatrie et psychanalyse"*, Paris: P.A.U., 1993, p. 11-35.

BENJAMIM, WALTER. Obras escolhidas II – Rua de mão única – Omelete de amoras, São Paulo: Brasiliense, 1997, p. 219.

FREUD, S. Análise terminável e interminável. Edição Standart Brasileira. Imago Editora Ltda, Rio de Janeiro, 1976.

GREEN, ANDRÉ. Sexualidade tem algo a ver com a Psicanálise? Conferência comemorativa do aniversário de Freud, 1995, Sociedade de Psicanálise da França. Tradução na SPSP.

LAPLANCHE, JEAN. *Freud e a sexualidade, o desvio biologizante.* Rio de Janeiro: Jorge Zahar Ed., 1997.

8

DEBATE

Público

Eu não tenho nenhuma pergunta para fazer, só queria parabenizar essa mesa porque acho que houve uma verdadeira interlocução, bastante sábia e que resgata a questão da sexualidade infantil para a psicanálise e para a pediatria. Acho que talvez o que me surpreendeu, e que particularmente gosto, foi o uso de uma linguagem acessível – às mães, às crianças – que eu acho que é uma tarefa tanto da psicanálise dentro da questão da subjetivação, do sujeito, etc., quanto aos pediatras que têm também uma linguagem às vezes muito somática, vamos assim dizer, que impede um acesso às crianças que os procuram. Penso que adotar esta linguagem mais acessível possibilita a interlocução, que é muito importante no campo de nosso trabalho.

Público

Eu também quero parabenizar, estou encantada com a mesa e a novidade para mim foi a palestra do Leonardo. Eu sou médica também e a sua síntese dos seus 28 anos de profissão é fantástica. Acho que o médico deve ser essa pessoa: de ouvir, de tentar ver o que está acontecendo com o outro, de pensar junto, de olhar junto, de educar, porque senão a gente não consegue fazer nada com a questão apenas técnica. Então achei muito bom, parabéns.

Maria Cecília

Leonardo: quando você disse que vocês não têm uma formação para escutar, penso que isso não acontece só com os médicos, mas com a maioria das pessoas da época atual, na qual o que é valorizado é o tecnicismo. Dou aula e supervisão no curso de especialização aqui no Sedes, para psicólogos e médicos já formados, e percebo que na faculdade o psicodiagnóstico é baseado nos testes, e o conceito de tratamento está muito direcionado para a interpretação. E com isso, pouco ou nada escutam. Escutar o outro é muito difícil para nós que estamos muito acostumados a agir.

Leonardo

Apesar do déficit na nossa formação para lidar com os aspectos psicoemocionais ou familiares na nossa tarefa pediátrica, vamos ter que preencher esta lacuna de forma rápida e adequada.

Hoje não é mais uma opção pessoal fazer uma pediatria técnica, organicista ou pelo contrário ter um enfoque mais integrado, global e humanista. As famílias cada vez mais esclarecidas nos estão exigindo que adotemos o papel de educadores, conselheiros e interlocutores qualificados.

Eles trazem um problema concreto como por exemplo: "meu filho não dorme sozinho!". Nós temos que decodificar o sintoma, falar de limites, da sexualidade infantil, dos papéis, da frustração, etc. E temos que fazê-lo com uma linguagem acessível já que não se trata de mostrar erudição e competência senão de ajudá-los.

Público

Eu queria agradecer à mesa pois fiquei absolutamente emocionada com a forma como foi "rolando" a integração de conceitos. Concordo que foi muito interessante ouvir sobre a possibilidade de interlocução entre profissionais de diversas áreas. Então, acho que o silêncio *a posteriori* é só porque é difícil romper o encanto, é difícil quebrar alguma coisa e entrar com minúcias disto e daquilo.

Eu queria perguntar para o Leonardo, um pouco em função também da "escuta" que a Cecília colocou, se a pediatria não está indo de fato num caminho no qual o médico pediatra vai se transformando em médico da família. Ou seja, essa nova especialidade que está surgindo, ou velhíssima que está se recuperando, se de alguma maneira não vai ter que parar por aí. Eu digo em relação àquilo que a Cecília colocou, porque a gente acaba vendo que, se não se trata da sexualidade dos pais, é impossível que o sintoma seja removido. Quer dizer, de alguma maneira, desistem. E quando os pais escutam no pediatra alguma coisa que eles não querem ouvir sobre o filho, também desistem do pediatra; quer dizer, não é sofrido só pelos psicanalistas, mas também pelos pediatras que não medicam com a intensidade que os pais querem para apagar o sintoma. Então, é uma inquietude que eu tinha: como está se pensando isto em termos de tratamento. Porque eu acho que a psicanálise de crianças também, em determinado momento, está cada vez mais tendo que pensar esta inter-relação que a Cecília trouxe também do deslocamento da sexualidade dos pais incidindo na formação sintomática da criança.

Leonardo

De fato é uma inquietude paralela no que respeita à maneira de eu enxergar a pediatria. Eu fico muito chateado quando se pergunta a um colega o que é ser pediatra, e ele responde que é um especialista em crianças. A partir da definição, do auto-rótulo ele está perdendo a visão global. Ele é na realidade o médico da família, é escolhido pelos pais, muitas vezes antes do filho nascer, cria vínculos de cooperação com eles quando a criança ainda é uma idealização, não uma realidade. Eles estão preocupados com a maneira desse médico ser pediatra, com sua identidade. Deve existir um limite em nosso enfoque, há situações que não podem ser resolvidas em nosso consultório; porém a maioria das famílias são suficientemente inteligentes para saber sobre o que falar, quando e com quem falar.

Na realidade estou falando de outra dimensão da postura do pediatra, de estar atento, disponível, interessado. Se deixarmos a porta aberta as famílias sabem que podem falar e que vão ser ouvidas sem respostas estereotipadas do tipo: essa queixa é psicológica, não é para fazer no consultório do pediatra, que acabam dicotomizando, inibindo o diálogo, empobrecendo a consulta.

Público

O pediatra não é alguém que deve escutar os problemas, sexuais ou não, dos membros da família, mas o médico que trabalha o sintoma clínico familiar. A função dele seria escutar, entender, e depois, fazer os encaminhamentos necessários. Eu acho também que o excesso de especialização ou o excesso de especialistas tem riscos. Então não é a concepção de trazer o psicológico da família para a consulta, mas o médico que toma esta postura da qual você falou – do conselheiro – tem mais condições de fazer diferentes leituras.

Leonardo

Concordo, agora para isso, a gente deveria ter, além da bagagem técnico-científica da Pediatria clássica, conhecimentos sobre o que significa uma família, qual que é a sua semiologia, qual é a sua fisiopatologia, qual é a sua autoperspectiva. Senão vamos falar e avaliar famílias, tendo como referencial a nossa própria família. Eu não tenho o direito de pensar que todas as famílias são como a minha família. Esse é um ponto. Mas se você me permite num minuto, eu acho que sua pergunta me ajuda a trazer algo que eu estive pensando nestes últimos dias, como uma espécie de devaneio teórico. Eu vejo assim: o ginecologista se ocupa dos orgãos sexuais da mulher, o obstetra se ocupa do embrião crescendo nesses órgãos e de ajudar a criança a nascer, e o pediatra cuida da criança fora do útero... Eu me pergunto: onde fica a mãe? Quem cuida da mãe? Comecei a pensar na "materiatria", na qual os especialistas seriam os "materiatras" ou "materiólogos". Alguém que se ocupe da mãe e talvez nós os pediatras devamos assumir esta suposta nova especialidade, já que ao cuidar da mãe estamos cuidando também do filho.

Público

Eu gostaria de esclarecer uma confusão pessoal. Vocês falaram sobre sexualidade e sinceramente eu misturo com energia vital. E vocês colocam a questão da problemática da criança falando sobre o Lobo Mau, por exemplo, que seria uma coisa mais na base da sexualidade mesmo, a excitação como o Wagner falou, e também vocês falaram que é tanto dos pais quanto dos profissionais que atendem a criança, pelo que entendi. E que a criança acaba sendo vítima de toda essa má resolução da problemática dos pais, talvez do profissional que está atendendo. E eu fico me perguntando: na formação do ser humano, na criança, na sua formação, toda a sua dificuldade é básica, fundamental e totalmente a questão da sexualidade, da energia vital, como é isso? Para mim é confuso. Porque eu penso a energia vital, a sexualidade ligada à energia vital, no seguinte sentido: é ela que impulsiona a gente a viver, a se formar e tudo o mais. E ela culmina com a sexualidade genital. Ela é tal que ela vai até a sexualidade genital, que gera uma outra vida. Mas aí eu confundo, na questão da criança, qual é a problemática da sexualidade afetando a vida dela!

Maria Cecília

Eu acho que você trouxe uma questão complexa que é do que cuida a Psicanálise. Não só da Psicanálise, claro, mas do ser humano é do que você fala. Eu acho que esse Lobo Mau, essa sexualidade, essa força, essa pulsão da qual você fala, existe tanto como pulsão de vida como pulsão de morte. Existe uma energia tanto no sentido de viver, de crescer, como uma energia confusa, ligada à paralisação, à destrutividade, à morte. E é dessa luta que a gente está falando, desse Lobo Mau, que está na criança, que está no adulto, nesse constante conflito, nessa angústia que acompanha o ser humano ao longo da sua existência.

9

MENINO DE RUA

Padre Júlio Lancelotti

A oportunidade de estar aqui é boa porque eu teria tantos assuntos para conversar com vocês, para ouvir sugestões, porque as dúvidas são tantas! Quando falou de adoção, então, se fosse entrar por aí... Mas eu não vou poder falar de adoção hoje. Há poucos dias aconteceu um fato, uma criança da Casa Vida colocada em adoção, que o pessoal da Vara Central da Infância e Adolescência disse: "mas tinha que acontecer isso bem com o padre Júlio? Ele vai ter assunto agora para 10 anos de conferência". Eu disse: "olha, a sorte de vocês não é só ter assunto para 10 anos de conferência, eu estou quase convocando uma entrevista coletiva da imprensa para contar esse caso". Só porque fiquei tão envolvido com a situação lá da Febem é que acabei não dando uma entrevista coletiva para contar o caso de uma adoção de uma das nossas crianças da Casa Vida.

Então eu vou contar daqui a pouco esse caso. A questão do menino e da menina de rua, que é o assunto que temos que tratar aqui... Porque a Isabel vai falar do menino e da menina de casa, eu vou falar do menino e da menina sem casa, da rua. Embora ele faça da rua a sua casa. O que para nós foi interessante perceber, no nosso trabalho na Pastoral do Menor, que nós começamos há cerca de 25 anos trabalhando com adolescentes em conflito com a lei, com adolescentes autores de ato infracional. E naquela ocasião, a partir do livro da Rosa Maria Fischer, da Comissão de Justiça e Paz, nós começamos a estudar e a olhar com maior cuidado que fenômeno era aquele dos meninos e meninas de rua. Foi quando surgiu também, logo depois, o Movimento Nacional dos Meninos e Meninas de Rua. E até foi uma discussão muito grande, e eu fazia parte do grupo que discutia isso, por que o movimento se chamava só dos *Meninos* de Rua, e nós firmamos muito que ele deveria ser dos Meninos e das Meninas de Rua. Porque quando se fala do menino de rua, parece que as meninas desaparecem debaixo dos trajes, não deixando aparecer suas formas, o seu corpo feminino tão destruído e explorado na rua – como em toda sociedade, até dentro de casa.

Foi interessante que nós estudávamos o livro e íamos para a rua observar, e nós começamos a fazer parte do cenário da rua. E nós não tínhamos como objetivo, naquele início, abordar os meninos e as meninas de rua, mas só observá-los e discutir as nossas observações. E isso estava planejado quase para um ano de estudo para uma abordagem. E o que aconteceu foi que os meninos e meninas de rua é que vieram nos abordar, porque eles começaram a ver a nossa presença fazendo parte do cenário da rua, e eles que vieram falar conosco. E aí que começou toda uma interlocução, toda uma interação com esses meninos. Foi interessante que uma irmã, uma freira que fazia parte desse grupo, ela na observação um dia estava no murão, no paredão do Largo da Concórdia, e ela encostou no paredão e ficou observando. E logo ela recebeu uma proposta, perguntaram para ela quanto era o programa com ela, porque ela estava justamente no paredão onde as moças ficavam esperando os seus clientes.

E nós começamos, no início desse trabalho, muito fortemente influenciados por todo o trabalho da Organização de Auxílio Fraterno, que trabalhou sempre com a população de rua, e com uma metodologia em que as relações de poder fossem muito bem clareadas e discutidas. Nós gostávamos e buscávamos intervir, e aí começou toda uma grande discussão sobre o trabalho com os meninos e meninas de rua. Porque muitos educadores não queriam fazer uma intervenção. E o trabalho na rua você faz uma intervenção, a tua presença já é uma intervenção no meio de inúmeras outras presenças – do traficante, da polícia civil, da polícia militar, do dono do pedaço, do pai e da mãe da rua, uma série de questões. E nós buscávamos vivenciar com eles uma experiência positiva e uma experiência que eles pudessem multiplicar sem a nossa presença, porque se nós só vivêssemos experiências que poderiam ser vividas com a nossa presença, a coisa ia ficar complicada para eles, porque era uma intervenção muito autoritária. Nós buscávamos ter uma intervenção facilitadora para que eles descobrissem que nós podíamos viver experiências de colaboração, de solidariedade. E a gente é muito pretensioso, pensa que vai ensinar solidariedade e colaboração para os outros, como se eles já não tivessem algumas possibilidades de viver assim.

O que me impressionava muito nesse trabalho com os meninos e as meninas de rua, é que eles buscavam na rua a casa que eles tinham perdido. Mas eles buscavam de uma forma interessante, porque essas crianças, esses adolescentes, muito cedo vivem uma experiência de independência, muito cedo eles são independentes, são autônomos, eles começam a viver uma autonomia muito grande, muito forte, diferente de crianças que vivem em outro esquema, em que elas não têm a autonomia de tomar decisões, de decidir aonde ir, de decidir o que fazer. E eles começaram a se encantar com essa liberdade – muito ambígua, porque ela também era muito marcada pela violência, pela desestruturação pessoal, pelo convívio com a droga.

E há coisas que só convivendo com esses meninos e essas meninas que se percebe. Por exemplo, por que essas pessoas de rua dormem muito durante o dia e ficam acordadas durante a noite? Quem é freqüentador de barzinho e essas coisas percebe que essa garotada de rua circula muito à noite, porque à noite há um movimento diferente do movimento do dia. E o pessoal da vida noturna ainda é capaz de ter mais tempo de conversa do que o pessoal da vida diurna. Mas o que era decisivo nessa questão de dormir durante o dia – e aí é que começam a vir os juízos moralistas, "tá vendo, são todos vagabundos, o sol quente e todos dormindo na rua". Por incrível que pareça, a leitura que nós fazíamos é uma leitura tão estranha, mas é que eles ainda dormem durante o dia num supremo ato de confiança de que nós não deixaremos acontecer com eles nenhuma maldade. Na luz do dia é mais fácil alguém perceber se vai ser posto fogo no corpo deles, ou se alguém vai passar com alguma coisa em cima deles ou chutá-los. E eles acreditam que dessa forma, dormindo durante o dia, eles iam estar mais protegidos, porque dormir à noite é muito perigoso, principalmente em determinadas áreas da cidade.

Dormir eu sempre considerei um gesto muito grande de abandono, por isso você só dorme do lado de quem você ama ou sozinho, como no meu caso, mas você só dorme bem confortável do lado de quem você ama, porque você confia que não vai te fazer nenhum mal. Então o pessoal da rua tem muito essa tendência de dormir durante o dia e ficar acordado à noite. Depois, com o surgimento dos inúmeros albergues, eles estão podendo dormir mais durante a noite.

Também essa criançada vai descobrindo, nessa autonomia, no ritmo diferente, as várias atividades que vão acontecendo, porque tudo é muito excitante. Viver na rua excita muito, é muito dinâmico, acontecem muitas coisas – é o crime, é o assalto, é a polícia, é a ambulância, são muitos fatos acontecendo ao mesmo tempo. E o principal que a gente observa é que no meio desse grande burburinho eles passam a ter identidade. Vocês já perceberam a reação das pessoas quando um bandinho de meninos e meninas de rua passa perto de vocês, e eles estão muito caracterizados? As pessoas logo têm um susto, logo têm um medo. E esses jovens, essas crianças, percebem muito depressa que eles passam a ter identidade vivendo assim, porque quando ele estava lá se ralando na casa dele, ou passando por alguma dificuldade, jamais ele foi identificado como alguém, jamais ele foi respeitado ou tido como identidade. A mídia só se ocupa dele se ele for de rua, quase que como sendo de rua passasse a ter uma certa importância.

Eu cheguei a viver situações tão dramáticas, em que emissoras de televisão ofereceram para crianças de rua entradas do Playcenter para filmá-las roubando. Como eles queriam filmá-los roubando, então eles davam a entrada para o Playcenter para dizer "agora você vai e rouba para eu te filmar". E ele aparece na televisão, ele rompe o anonimato. Vocês já viram? Isso acontece muito com as crianças que estão na Febem, mas com as crianças de rua também. Aí perguntam para ele: "Você matou?" "Ah, já... 10!" "Ah é? E como você faz?" "Ah, eu corto em pedacinhos." "É? E agora, o que você vai fazer?" "Agora eu vou matar mais um." Então é uma forma de ele perceber que as pessoas ficam: "É? Então conta! Fala!" Parece que para ele poder ser ouvido ele tem que falar uma barbaridade enorme. E ele tem que falar aquilo que o adulto quer ouvir. A gente sempre dizia que os garotos de rua são como esses que trabalham em mesa de som da rádio, vocês já viram? Que tem uma porção de fitas, e conforme o que está acontecendo eles vão pondo a fita para tocar.

Então a criançada que está na rua tem uma porção de fitas. Se vem o padre, é essa fita que toca; se vem o pessoal da Igreja Pentecostal, é essa outra fita. Se vem o pessoal do juiz, é outra fita. Se vem o assistente social é outra fita. Se é a psicóloga, é outra fita. Conforme quem vem, ele toca a fita do que a pessoa quer ouvir. Com isso não se estabelece uma relação significativa com ninguém, porque ele fica tocando a fita que cada um quer ouvir, assim como ele sabe qual é a fita que a mídia gosta de ouvir. Então ele toca a fita que cada um quer ouvir.

Muitas vezes ele tem que tocar uma fita que não tem lá, mas que debaixo da cacetada da polícia, ou da pressão de um grupo ou outro de traficantes, ele tem que inventar essa outra fita. Ele tem que ter uma multiplicidade de identidades para poder conversar com cada grupo. E é só com o tempo, no silêncio, no afeto, na calma, é que você pode tentar descobrir e entrar na intimidade, na identidade de quem essa pessoa é. Isso vai levar muito tempo.

Uma questão também que a gente não percebe sempre nas crianças ou nos adolescentes da rua dentro de todo esse contexto, é a questão da agilidade. Um garoto de 9 anos que está na rua ninguém pega. Porque ele tem uma proporcionalidade de corpo e uma agilidade de movimentos que a tropa de choque não pega, ele passa debaixo da perna de todo mundo e vai embora. Essa agilidade traz a impossibilidade de segurá-lo, de pegá-lo, com o passar do tempo, cresce, fica desproporcional, perde essa agilidade. Por isso os garotos que acabam ficando mais tempo na rua são aqueles que estão numa determinada faixa etária. Quando eles se tornam mais desproporcionais entrando mais avançadamente pela adolescência, eles têm que fazer parte de grupos. Mas é muito interessante como essa agilidade é compensada, na sua perda, na pertença de grupos e como esses grupos acabam reproduzindo a família.

De uma forma inadequada, muitas vezes – se bem que estamos procurando até hoje qual é a forma adequada, mas... Mas onde se reproduz até, por incrível que pareça, o papel do pai e da mãe e daí surgiram os famosos pais de rua, as famosas mães de rua. Como é que este papel passa a ser desempenhado? Mas também é interessante, se você perceber esse papel sem grandes preconceitos, e perceber ali a ternura, qual é o papel de mãe que eles têm na cabeça, qual é o papel de pai que eles têm na cabeça. Mesmo usando muitas vezes de uma autoridade muito dura, muito destrutiva. Mas como é que tudo isso vai se construindo?

Uma das questões que causou mais crises no nosso caminho foi discutir a questão do método. Qual é o método para trabalhar com a população de rua, ou com o menino ou a menina de rua? O que eu percebi muito foi um problema com os nossos educadores, e aí nós tivemos muitas cisões, muitas rupturas e muitas crises. Na medida em que os nossos educadores ficavam fascinados pela vida dos meninos e meninas de rua, e queriam ser também meninos e meninas de rua. E passavam a ter comportamentos semelhantes ou de imitação.

Esses meninos e essas meninas mexem demais conosco. E aí, num grupo de psicanalistas, eu diria: mexe demais com a sexualidade. Pega bem, né? Mas mexe demais, por causa da forma deles de ser, da forma deles de agir, da impulsividade, do falar certas coisas, da liberdade dos gestos, dos movimentos. Também a transgressão, a capacidade de transgredir de maneira lúdica, a capacidade de transgredir, de fazer de toda essa transgressão uma ludicidade. Eu lembro muito quando, não lembro quem era o governador, se era o Montoro, quando houve um quebra-quebra no centro da cidade e houve um quebra enorme e não parava, foram vários dias de quebra-quebra, não sei se vocês se lembram disso, eu que sou mais velho lembro. Eu logo fui para o centro da cidade ver como essa garotada estava no meio dessa confusão. Ah, eles estavam felizes. Todas as lojas em que eles não podiam entrar estavam sendo quebradas, as vitrines estavam sendo arrebentadas, eles podiam pegar tudo o que eles queriam. E no momento em que as bombas de gás explodiam na Praça da Sé, que era uma coisa tremenda, com tropa de choque – eu estou ficando especialista em tropa de choque, viu? –, e com toda aquela confusão, o que eles fizeram, todos eles? Eles fizeram um círculo e todos eles urinaram ao mesmo tempo para cima, formando um chafariz humano. Todos urinavam para cima como querendo dizer: olha o nosso poder. Era pequenininho mas era um poder, que no meio de toda aquela confusão eles eram capazes de achar ainda tudo aquilo divertido, achar tudo aquilo muito lúdico. E isso mexe muito com os adultos.

E aí os adultos começam a ter uma atuação às vezes equivocada. Por exemplo, nós discutíamos muito: nós estamos junto com eles mas nós não podemos concordar com a crueldade ou com jogar um idoso no chão, com arrancar as coisas de uma pessoa idosa e feri-la. Quer dizer, nós temos que deixar isso claro. Eles não podem confundir. E eu acho que eles não confundiam, quem confundia éramos nós. Não confundir que se ele vai para a delegacia, nós não vamos todos atrás para tirá-lo da delegacia. Nós vamos garantir que tudo o que aconteça ali aconteça de maneira correta e que ele não seja torturado. Mas não podemos ir lá na delegacia invocar a inocência dele. Porque se ele realmente cometeu um delito, nós não podemos dizer que não. Isso confundiu, trouxe muito problema para os educadores. Porque tanto a mídia, quanto a sociedade, quanto todas as entidades tivemos muita dificuldade de entender que nós acabamos dando uma existência institucional para esses meninos. E nós esquecemos, talvez, a lição mais importante: um menino e uma menina de rua são um menino e uma menina. E nós passamos a agir com eles como se eles tivessem deixado de ser um menino e uma menina. E esquecemos que um menino e uma menina são uma pessoa. Eu sempre tenho repetido, por causa dos adolescentes que estão na Febem, aquela poesia que acho que é do Drummond, que diz "uma rosa é uma rosa é uma rosa é uma rosa": "um adolescente é um adolescente é um adolescente é um adolescente". Porque eles acabam perdendo esse status pelo qualitativo, o substantivo passa a não existir. Você só fica com o advérbio de lugar, com o adjetivo, com a qualificação, e esquece que mesmo estando em situação de rua, ou estando na rua, eles continuam sendo meninos e meninas que têm medo. É pecado ter medo na rua, então você sempre tem que ter coragem. Imagine você nunca podendo dizer que você sente medo, ou trabalhar esse teu medo – sempre tem que ter coragem. Sempre tem que ser ousado.

E talvez, encerrando essa questão, eu gostaria de dizer que uma das coisas que mais me impressionou é que muitas vezes a maneira de viver em que o mundo dos adultos e a sociedade da forma que ela se organiza e todas as situações que nós vivemos, joga toda essa parte da nossa infância, esses meninos e essas meninas, na rua, ou em situação de rua, parece que eles dizem para nós, adultos: nós prescindimos de vocês, nós não precisamos de vocês, e nós criamos entre nós um grupo afetivo, um grupo amoroso e um grupo que vive as suas próprias descobertas, e negamos vocês, negamos o afeto, o colo dos adultos, e passamos a ter esse colo, esse afeto entre nós. E aí causa muito problema porque estão dizendo que esses meninos e essas meninas estão tendo relações sexuais e tudo o mais. Na verdade eles estão tendo também, entre eles, muita troca afetiva. E a proteção é ambígua, porque ora é uma proteção... Aliás a proteção sempre é meio ambígua, não é só na rua, essa proteção que ora fere, ora beija. Então eu acredito que esses meninos e essas meninas que estão na rua podem nos levar a muitas reflexões e principalmente o nosso papel diante deles, o que nós buscamos, qual é a nossa intervenção e qual é o método para que a nossa intervenção seja o mais humana, técnica possível.

E muitas vezes nós pressentimos que para trabalhar com meninos e meninas em situação de rua, nós temos que ser profissionais. Acho que nós estamos entrando num momento muito sério no qual nós estamos prescindindo do profissionalismo, então "eu gosto", "eu quero", e eu vou lá resolver os meus problemas, ou não resolver, ou negar ou afirmar, mas não sou profissional. Você tem que trabalhar com profissionalismo. Quando eu digo profissionalismo eu não estou dizendo tecnicismo. Tem muita gente que confunde profissionalismo com tecnicismo, eu posso ser amorosamente profissional, humanamente profissional. Não quer dizer que quando eu sou profissional eu sou uma pedra insensível, só com instrumentos técnicos.

Eu vou comentar rapidamente o caso da adoção que disseram que eu ia ter dez congressos para contar o caso. Na Casa Vida as crianças que chegam como menos de 2 anos e que são passíveis de soro-reversão e negativam, se elas não têm família elas são colocadas para adoção pelo Poder Judiciário. O que eu tenho discutido é como nós temos sido expropriados desse processo, nas entidades. E como o tecnicismo é que decide como é que as crianças serão colocadas, prescindindo das entidades que cuidam das crianças. Claro que há entidades e entidades. Então o caso de uma das nossas menininhas. Foi liberada e nós estávamos esperando, nós temos mais de 50 crianças colocadas em adoção. Aí vem uma senhora com um ofício, como está sendo feito agora, dizendo que se houver *empatia* ela pode levar a criança hoje mesmo. Aí eu tenho que ligar o meu empatiodômetro para ver se teve ou não teve. Aí chegou a pessoa para adoção. No caso era uma pessoa solteira, professora de educação física, e olhando alguma coisa ali... A empatia não era com a criança, aí é que estava meio estranho. E a gente foi conversando: essa pessoa tinha feito a inscrição para adoção na Vara de Itaquera, fazia um ano. Ela foi chamada para conhecer uma criança e não gostou, porque disse que a criança tinha um problema no pé, não ficava direito de pé, ela não quis. Aí ela foi chamada para conhecer dois irmãos, mas como ela não tinha a opção de adotar irmãos, ela nem respondeu e não quis. Aí na Vara Central, com o surgimento de dois novos promotores, ali no Ministério Público, eles não aceitando muito as posturas, como é trabalhado a nível somente de adoção internacional, eles exigiram o respeito ferrenho à lista. Então quem é primeiro da lista, tem que ser aquele. Então essa senhora ficou primeira da lista, porque como não tinha nenhum casal ou pessoas disponíveis, eles recorreram ao cadastro geral. E no cadastro geral essa senhora era a primeira, então ela veio. Pasmem vocês: ninguém conversou com ela na Vara Central, simplesmente como ela era a primeira, ela ganhou o ofício e foi. Foi avisada pelo telefone, foi lá, pegou o ofício e foi buscar a criança. Eu não entreguei porque alguma coisa estranha estava acontecendo ali.

    Aí ela veio outra vez visitar e nós fomos conversando, ouvindo, tal, ela diz "eu trabalho na prefeitura, não sou professora de educação física mas eu exerço essa função, lá nós não temos muito o que fazer então eu dou educação física para os meus colegas, relaxamento, e eu vou adotar a criança, a minha mãe é que vai ficar cuidando enquanto eu trabalho, mas alguns dias eu vou levar ela comigo no trabalho". E eu: "pois não", "sim", "eu sei"... e olhando bem. Eu disse: "mas visitaram a sua casa? Quem mora mais lá?". "Ah, meu irmão mora, tem mais uma criança excepcional que a gente tem que... eles cuidam, e tudo o mais". Aí ela disse: "eu não tenho vocação para o casamento, não quero me casar, mas eu quero ser mãe e eu quero adotar como uma forma de ajudar, porque eu não tenho coragem, do jeito que o mundo está, de pôr um filho no mundo, então eu prefiro ajudar um que já existe". E eu: "ah, pois não". Isso aqui daria para chamar o Freud, o S. Tomás de Aquino, sei lá mais quem para ouvir, porque é muito estranho. Eu falei: "filha, mas adoção não é ajuda, é assunção, você está assumindo, é um filho ou uma filha". Ela disse: "não, mas não é minha, é outra pessoa que gerou e eu estou ajudando".

Aí eu fui ao juizado e conversei com a psicóloga, conversei com a assistente social e usei argumentos mais racionais, eu disse: "olha, essa pessoa teve três chances, por que a menina vai ter uma só?". Falei para a promotora também: "então nós podíamos respeitar a sua lista mas vamos pegar os 5 primeiros da lista e vamos fazer um estudo dos 5 primeiros da lista e tentar a aproximação daquele que a gente perceber que seja mais adequado, tanto para a família, para os pretendentes, quanto para a criança". Não tive êxito, eu saí bastante frustrado de lá. Gastei o meu latim com a psicóloga, gastei o meu latim com a assistente social, mas estava definido. Falei bastante com a promotora e a promotora disse para mim: "se o senhor veio aqui contestar qualquer procedimento jurídico, eu lhe ponho para fora". Eu falei: "não, não, eu vim aqui só sugerir humildemente diante da Vossa Excelência que eu estou achando que a criança não está tendo oportunidades". Ela disse: "mas e se o destino marcou que será esta senhora?". Bom, não teve jeito, eu não tive mais forças naqueles dias, inclusive eu estava muito envolvido nas rebeliões da Febem, minha mãe teve um enfarte naqueles mesmos dias, a mulher voltou com outro ofício, ela disse que gostou da criança. Ia levar.

Pasmem vocês que ela levou num dia e devolveu no outro. E ela disse, quando devolveu, lá no juizado: "só chegando em casa, caiu a minha ficha, o padre tinha razão". Mas para mim também foi dramático que ela tenha ido devolver a criança lá no Forum sem levar nem fralda para trocar a criança, nem levar qualquer comidinha que ela desse – era uma criança de 2 anos, podia ter levado bolacha, qualquer coisa. E a criança ficou molhada, para voltar... com fome, porque ela só tinha tomado um Yakult, mas para mim o pior de tudo, da falta de profissionalismo, foi o Fórum mandar ela ir à Casa Vida devolver a criança. Eu acho que não podia soltar essa mulher na rua sozinha com a criança, teria que alguém do Fórum acompanhar para ir lá junto com ela entregar a criança de volta. E quando a criança chegou, claro, ficou... ela disse, a gente não sabe ainda bem como é que isso caiu dentro da menininha de 2 anos, ela disse: "eu fui passear e voltei". Mas como ela foi passear se ela levou a mala dela, levou todas as coisas dela? Que passeio era esse para ir num dia e voltar no outro? Aí o pessoal do Fórum caiu em si e o próprio pessoal do Ministério Público. Mas eu acho – e aí eu encerro, por isso disseram que eu vou passar 10 anos contando esse caso, realmente para mim é um absurdo, uma falta de profissionalismo, uma falta de ética. Porque eu penso assim: nós adultos somos sujeitos a muitas falhas, nós adultos não somos pessoas perfeitas. Mas temos que usar o acúmulo daquilo que nós já temos de conhecimento, seja na psicologia, seja na pedagogia, seja no que for, para não jogarmos as crianças nessas situações.

E também eu acho que tanto os meninos e meninas da rua, como os outros. Eu tinha pensado num outro caso de uma menina de rua que é mãe de duas crianças que estão conosco, que nós estamos acompanhando e agora lutando no Poder Judiciário para que as crianças dela não sejam colocadas em adoção e ela possa assumir a maternidade dessas crianças. Eu acredito que seja com os meninos e meninas de rua, seja em qualquer outra situação, é a pedagogia do cuidado. É ser cuidadoso com as pessoas, é ter tempo para cuidar, é ter tempo para amar, é ter tempo para olhar nos olhos, é ter tempo para conversar. Nesses dias eu acompanhei a Dra. Maria Cecília Parasmo, que é psicanalista e trabalha na equipe do Dr. Jorge Forbes, numa unidade da Febem, na quinta-feira, e nós fomos conversar com um menino que é tido como muito perigoso, e ela está atendendo esse menino. E ela me falou: "você me acompanhe porque eu estou com um pouco de medo porque as coisas lá andam fervilhando". E eu fui com ela na unidade onde o menino está e conversamos com ele. E no final da conversa tanto ela quanto eu estávamos muito admirados porque os olhos dele brilhavam, e o sorriso tinha nascido de novo naquele rosto. Pelo encontro, pelo respeito à pessoa, e por essa pedagogia, por essa metodologia do cuidado. Se nós somos cuidadosos com as pessoas, nós somos capazes de conseguir que elas sejam cuidadosas também e que de novo os seus olhos possam brilhar. Em todo o meu trabalho, o principal indicador de qualidade é o brilho dos olhos, quando os olhos brilham, quando o sorriso pode nascer, o prazer pode existir e as pessoas podem ser felizes.

10

MENINO DE CASA

Isabel Kahn Marin

Imagino que não só eu, como todos aqui reunidos, estamos comovidos com as palavras do Pe. Júlio Lancelotti. Fico muito tentada a entrar nessa conversa porque é o brilho nos olhos das crianças, o sorriso dentro dos abrigos que me fizeram, há vinte e tantos anos, acreditar nesse trabalho e a tentar descobrir alternativas para as crianças que estão fora das suas famílias.[1]

O que me coube falar nessa mesa-redonda foi sobre o "menino de casa", como contraponto ao menino de rua. É um desafio interessante. Afinal, todos vemos a casa, o lar, como referência primeira para nossa segurança e identidade. Quando digo, então, que é um desafio interessante é porque como psicanalista, educadora e preocupada com as questões sociais tive que questionar o modelo familiar para poder pensar alternativas de trabalho com crianças excluídas socialmente, e poder defender que essas crianças não se tornariam necessariamente delinqüentes. Via-me, então, quase brigando com a instituição família, apontando seus problemas, suas falhas, desmistificando sua santidade, ressaltando seus abandonos, para poder justificar as alternativas de institucionalização e a possibilidade e obrigação de se pensar em modelos dignos de apoio ao desen-

---

[1]. Remeto ao livro "Febem, Família e Identidade". *O Lugar do Outro*. São Paulo: Escuta, 1999. 2a. ed., onde essas idéias estão desenvolvidas.

volvimento desses cidadãos. Hoje percebo que muitas das questões que eram colocadas para as instituições-abrigo relativas aos sentimentos de desvalia e desamparo que seus funcionários sentem, que os impedem de acolher as crianças, estão tendo que ser questionadas dentro das famílias de modo geral. Me vejo então mais solidária com essas famílias, considerando o sentimento de desamparo em que elas parecem se encontrar.

A mesa "A Família Atual e o Psiquismo Infantil" trouxe um panorama que vem facilitar bastante minha fala. Vou dialogar, então, com a proposta ali colocada, considerando a história da família e seu significado na contemporaneidade.

"Meninos de casa". Pensemos na palavra casa. O que ela nos sugere é refúgio, segurança, proteção, referência, lar. Quem casa quer casa. Casa e família são quase sinônimos. São todas referências que garantiriam uma identidade. Garantem mesmo? É esta a questão que pretendo discutir aqui. Com certeza, é uma questão de dignidade humana: todos temos direito a uma casa. Como o padre Júlio disse, os meninos que vão para a rua procuram resgatar essa referência familiar. Perderam essa chance por questões de desestruturação social e econômica, exclusão social, de violência e falta de direitos mínimos à dignidade humana, o que acaba fazendo com que fujam de suas casas.

Claro que pressupomos que casa é um direito primeiro e necessário. Mas faço um contraponto para começarmos a pensar essa questão da casa. Hoje em nossa cidade, no lugar da *casaninho* o que vemos são casas fortemente muradas, com alarmes e segurança particular. Em princípio é para nos proteger da violência do mundo, da violência que está lá fora, dos meninos de rua, dos que fugiram da Febem. Então, a casa, para ser refúgio, precisa ter aparato seguro, precisa estar absolutamente cercada. O que está acontecendo?

Lembro de Philippe Ariès, que muitos de vocês devem conhecer, e seu trabalho "História Social da Família e da Criança". Ele analisa como a criança nem sempre ocupou um lugar tão central como valor afetivo na família. Ele faz uma análise brilhante que eu não vou ter tempo de reproduzir em que faz referência inclusive à arquitetura, para mostrar como o sentimento de família, a sua importância na formação subjetiva dos indivíduos vai aparecer recentemente na humanidade, a partir da modernidade. Ariès nos aponta como o sentimento de família crescente tem a ver com o desenvolvimento da privacidade em detrimento do espaço público. Foram se perdendo assim os vínculos mais estreitos com a comunidade, e talvez os vínculos solidários. Podemos pensar em nossas cidades do interior, sem termos que voltar para a Idade Média, e lembrar das portas e janelas abertas, as pessoas colocando suas cadeiras na calçada para conversar, as crianças na rua, etc. Ao longo da História fomos assistindo, com a sofisticação das casas e, portanto, do espaço privado, uma cisão com o espaço público que foi se tornando perigoso, confuso e ameaçador. Vê-se, assim, um grupo de pais e filhos separados do mundo e da sociedade e toda a energia do grupo familiar, da família conjugal, é consumida na promoção das crianças. A família passa a se responsabilizar sozinha pela felicidade e sucesso dos filhos.

É a esta família moderna que Freud vai se referir, estabelecendo as formulações tão conhecidas em psicanálise sobre o narcisismo, e "sua majestade, o bebê".

Vou falar aqui da articulação da casa como um espaço absolutamente privado e da violência lá fora, e da família tendo que se responsabilizar absolutamente por toda a felicidade e realização de suas crianças. Quando se perdem os vínculos comunitários – ou o apoio da família extensa ou das madrinhas – tudo passa a ser responsabilidade de pai e mãe que, para serem felizes, têm que obrigatoriamente ver seus filhos o mais feliz quanto possível.

O cenário contemporâneo parece estar composto da seguinte forma: se a casa é segura, confortável e protegida, tudo vai bem. Se não for assim, os meninos podem ir para a rua porque não encontraram tudo que seu próprio lar deveria garantir. Eu queria propor duas imagens para se pensar e contrapor a essas concepções. O filme *Kids*, se vocês lembram bem, mostra jovens numa situação de desamparo e violência. Eles têm casas bastante confortáveis onde não aparece adulto nenhum. A outra situação se refere à história recente daqueles dois meninos americanos que mataram os colegas na escola, um massacre horroroso. Pesquisando-se a família, descobre-se que um dos garotos tinha um arsenal de armas no seu quarto. Todo mundo se pergunta como é que os pais não viram, e a mãe chega a dizer que o quarto do filho era o seu espaço privado de liberdade, a ser respeitado e que ela não tinha direito de invadir a privacidade do filho. Aqui, perto de nós, hoje, também é assim: cada um tem seu quarto, sua televisão, seu computador. Este é o sinal de felicidade e de respeito de individualidade.

Faço mais uma provocação: tenho ouvido de muitos pais de adolescentes, inclusive colegas e amigos meus, cujos filhos vão às festas até 3 ou 4 horas da manhã, dizerem para seus filhos: "Dorme lá na festa, no salão de festas, para poder pegar o ônibus de manhã, assim você fica livre para voltar a hora que quiser". Me pergunto o que se está querendo respeitar nessa situação: a opção do jovem ou o descompromisso dos pais em se ocupar e se preocupar com os filhos? Me permito a um último exemplo, porque se poderia ir longe com eles. Fui chamada numa escola de educação infantil para uma palestra sobre briga entre irmãos. Conforme seus coordenadores os pais andavam muito angustiados com os irmãos que brigam e a maioria deles eram pais de filhos únicos. Pensei no sentido deste pedido e nas razões sobre o que incomoda tanto na briga entre irmãos, e por que esses pais não podem suportar uma coisa que já é tão conhecida e tão clássica. Sabemos o quanto as briga entre irmãos trazem à tona ciúme, inveja e rivalidade por expô-los à situação de não serem "o único". Numa sociedade em que temos a promessa de sermos únicos, coloca-se mais agudamente a questão narcísica.

Então, os pais optam por terem um só filho, que é "para poder dar o melhor possível". Aí vem todo o apelo de quanto custa caro um filho, pois não podem frustrar, decepcionar, garantir o tal do quarto, o computador, a televisão, etc. Pois, afinal, temos que ser bons, não podemos frustrar. Essas frases vão ficando absolutamente banalizadas e difundidas, fundamentadas, equivocadamente, na psicanálise e nas pedagogias as mais diversas.

Os adultos têm que ocupar esse lugar de referência de portador da lei social e das regras para que cada sujeito encontre seu lugar na cultura. Isto também é proteção. Mas o dilema dos pais contemporâneos parece ser justamente este: como sustentar um lugar de oposição aos filhos se devem se responsabilizar por sua felicidade plena e mais, garantir sua individualidade e autonomia? Sem falarmos que o próprio sinal de realização pessoal dos pais está nesse sucesso dos filhos – a questão narcísica está então colocada, mas não podemos desconsiderar que os ideais que ela coloca são historicamente determinados.

No império do narcisismo – vou simplificar muito essa história – onde o prazer predomina, o imediato é o que nos determina a todos, e muitos autores têm trabalhado a idéia de quanto isso tem levado à situações de desamparo, já que ao mesmo tempo que temos essa promessa de podermos ser tudo o que quisermos, nós também somos responsáveis, sozinhos, para conseguir descobrir aquilo que é melhor para nós. Faltam as referências, faltam os limites, faltam as expectativas claras. "O que eu quero é o melhor para você, e se possível que a gente não se chateie, que a gente não se incomode uns com os outros." Ouve-se cada vez mais: "Você sabe o que é melhor para você". Os pais dizem isso para os filhos, os maridos para as mulheres e vice-versa. Assim, rapidamente, quando começam a aparecer conflitos, os casais se separam em nome da autonomia e do respeito, já que não se pode exigir, não se pode pedir.

Contardo Calligaris faz uma citação que tem me ajudado muito a refletir sobre isto. Diz ele: "A felicidade que queremos, nós adultos, contemplar nessas crianças é a caricatura de nossos devaneios. As queremos, paradoxalmente, livres de nós, assim como sonhamos ser livres de nossos pais e possuidores de objetos, pois atribuímos aos objetos o valor de talismã." Ele prossegue dizendo: "Também não seria de estranhar que as crianças de repente possam se tornar tão assassinas e cruéis quanto nós, pois os adultos em miniatura, para serem felizes, devem manter da infância justamente a isenção daqueles estorvos que nos fazem tão pouco amáveis aos nossos próprios olhos: o peso do dever e da dívida com as gerações anteriores, a hesitação do juízo moral, o rigor da lei. Em suma, queremos que sejam anões de férias sem lei. E podem acabar sendo" (p.17).[2]

Então, o que ficou para o "menino de casa"? Exigências pulsionais crescentes, a sociedade de consumo querendo cada vez mais e mais. Os pobres não conseguem garantir isso aos filhos, mas também não

---

2. "O Reino Encantado chega ao Fim". Em *Boletim de Novidades da Livraria Pulsional*, São Paulo: no. 86, jun/96.

podem frustrá-los, e a gente vê muitos meninos que querem o tênis e o relógio, pois é isso que a sociedade promete como sendo o necessário para tornarem-se homens de sucesso. Não vale mais a lei do esforço e da conquista para realizar sonhos, como na sociedade tradicional. "Você pode ter já e eu deveria te dar." A família deveria poder dar. É o que constitui o imaginário contemporâneo. Paradoxalmente, desenvolve-se a terceirização dos saberes, como apontou a mesa "A Pediatria e a Psicanálise: Interlocuções". Quando a família não dá conta, ela vai consumir o saber e a técnica de terceiros (pediatras, psicólogas, cursos, etc.) que viriam garantir rapidamente o preenchimento das necessidades. A família não pode deixar de prover, pois do contrário expõe sua fragilidade e desamparo. Pais entregam seus filhos ao saber de outro, mas de uma forma culpada e muitas vezes negada. Nessa terceirização não parece estabelecer-se uma parceria, aquela forma de vínculos solidários como na sociedade tradicional, na qual a questão da perfeição pessoal não se colocava, e sim a formação de um sujeito para sua cultura, de um indivíduo para a ordem social.

Retomo "a sua majestade, o bebê", que tão bem descreve Freud. Ele tem que ser a imagem e semelhança dos pais. Agüentar a tensão do choro, ousar repreender, sustentar a raiva, admitir que não agüenta, que o filho está cansando, não é permitido. Se o filho é a extensão narcísica, fica muito difícil suportar a frustração que ele provoca, daí a tentação de buscar o preenchimento de tudo o que falta e o impedimento de viver explicitamente o conflito com a criança. A rejeição é negada. Impede-se a manifestação da raiva, afastando-se de situações potencialmente conflituosas. Entendo assim a ausência dos adultos "nas casas" e no cotidiano dos filhos que é justificada como respeito à individualidade e privacidade. Está aí, creio eu, o desamparo contemporâneo.

Ora, aqui estamos no meio de muitos psicanalistas, e sabemos que a questão da ferida narcísica é um fato. Precisamos viver desilusões, lutos, faltas e suportar os ataques. Não importa que teoria usamos para entender isso, mas a condição de subjetivação é justamente poder, a partir da ruptura de uma ilusão, se posicionar. De preferência a partir de uma relação amorosa, de continência, de referência.

Não é à toa que esses meninos da rua nos fascinam tanto: eles estão realizando, no extremo, tudo aquilo que começa na nossa casa. Eles transgridem com ludicidade, como o padre Júlio apontou brilhantemente, que é algo que de alguma forma a gente quer que os nossos filhos também tenham – brinquem muito, se divirtam muito, consigam tudo. Só que são os meninos de rua e os da Febem justamente a caricatura feia. Mas no fundo a gente inveja muito aquilo que nós mesmos estamos esperando, e os deixamos seguir, atuando os nossos devaneios. No final da história, nos aliviamos, pois eles acabam sendo punidos, na verdade exterminados, e são eles, os pobres, os filhos dos bandidos, não têm nada a ver conosco. Talvez seja por isso que a sociedade não se mobiliza para projetos preventivos de reinserção social.

Tudo aquilo então que a gente falava para as crianças abandonadas da Febem, de que é necessário trabalhar a dor, a história de onde vieram, de que se foram abandonadas houve uma história que determinou isso, de que há uma responsabilidade social nesse abandono, que não necessariamente a família é horrorosa e má, se coloca da mesma forma nas famílias "dos meninos de casa". Elas precisam assumir suas potências e impotências ousando entender que não podem garantir satisfação plena e que essa ilusão é culturalmente determinada.

Digo isto porque fico muito preocupada com a afirmação de que "então é culpa do pai e da mãe, pais que não suportam a frustração". Caímos nesta velha história conhecida e que é muito complicada também. Se a gente está falando de culpa narcísica, culpabilizar mais ainda um pai e uma mãe que têm que ser perfeitos não dá, isso se torna insuportável para eles. Colocar toda a responsabilidade na família é de novo fechar-se no privado, é uma forma de estar perdendo a possibilidade, inclusive, do laço social. Me remeto ao que Maria Lygia Q. de Moraes destacou sobre as formas atuais de resgate da família (homossexuais, por exemplo, que reivindicam casamento e constituição de família). As pessoas se separam e se casam novamente. Seus filhos passam a freqüentar vários núcleos familiares – seria a reedição da família extensa? Pode-se ver conservadorismo nisto, porque, afinal de contas, a família é um mecanismo eficiente de proteção ao desamparo, é uma organização forte. Parece-me interessante, no entanto, refletir sobre essas novas configurações familiares.

A psicanálise nos aponta que a possibilidade da relação amorosa é a possibilidade da criação. É no contato com a diferença e com a alteridade, e não no pacto do "eu comigo mesmo" ou com alguém igual a mim, que se pode criar. É importante as pessoas não desistirem de se relacionar e de quererem se casar novamente, ou de constituírem nova família, ou de topar ter um filho com todo o trabalho que dá. É a possibilidade de não se cair na ilusão narcísica que a clonagem vem sugerir, da ilusão de uma auto-suficiência, de uma auto-referência e de uma alienação. O que nos desafia, considerando essa situação, é como estar de novo resgatando os laços de solidariedade. A família contemporânea também não está agüentando mais sustentar um lugar tão poderoso. Então eu acho que o fracasso da família, nesse sentido, pode ser bom porque se ela está implodindo a gente precisa reinventar novos modelos. Então, se de um lado as mães têm que trabalhar e entrar numa competição com os homens, por outro lado ela precisa do homem para ajudar dentro de casa. Eles estão tendo, de novo, que partilhar. Isso favorece também a criação dos espaços educacionais porque numa sociedade complexa como a nossa é difícil imaginar que a família dê conta de preparar essa criança para a intrincada configuração social.

Pai e mãe devem, sim, dar conta do projeto amoroso. Na nossa sociedade, a família é a referência amorosa. Mas a organização do social não passa só por aí. Quem vai assumir a responsabilidade pela transmissão dos costumes?, nos perguntou Maria Rita Kehl. E a responsabilidade pela interdição? Todo o atravessamento edípico que deve ser feito em relação à realização plena dos desejos passa pela família. Mas essas relações de interdição não se dão só na família.

Penso, então, que a psicanálise continua valendo. Não é que acabou o Édipo, não é que acabou a castração, nem a interdição. Isso tem que ser vivido, é o que nos constitui. Diante dessa ruptura, dessa falta, dessa desilusão que eu me posiciono de forma singular. Esses meninos vão ter vontade de crescer e de buscar serem eles mesmos confrontando-se com ausências, diferenças e restrições.

Para concluir, volto ao começo de minha exposição. Aquela casa toda protegida e fechada, com guarda na porta que impede a entrada do estranho, tem que ser revista. Acredito que a saída é que a casa se abra; ela tem que se expor para a comunidade, para os outros. Narciso, que não conseguia olhar para o que era diferente, se apaixonou por ele mesmo. Mas morreu...

Freud mostra que o estrangeiro nos traz, na realidade, uma estranha familiaridade, e por isso tantas vezes nos incomoda. Então as portas das casas têm que se abrir para o estrangeiro, para o diferente, com a garantia da proteção da família. Dessa forma esse estrangeiro pode fazer descobrir quem eu sou e como me relacionar com ele. Senão a gente fica na ilusão de mesmice, de perfeição, de completude, que nós psicanalistas sabemos que não subjetiva ninguém. Nossa militância deve ser no sentido de resgatar para a família os seus limites. Ela não está errada, não é errado ter pai e mãe, e pai e mãe amarem os filhos. É apontar que se trata de uma ilusão imaginar que pais possam dar conta de tudo e se realizar apenas nos seus filhos. Eles vão precisar abrir de novo os laços e trocar, resgatando com o outro a possibilidade de criação.

11

Debate

Público

A princípio eu queria agradecer imensamente as palestras muito sólidas e ao mesmo tempo muito sensíveis dos dois participantes da mesa. Além do mais me fizeram entender o que aconteceu na mesa em que eu participei, em que as pessoas falavam de um "clima" que se criou entre a mesa e a platéia. Só que envaidecido por ser "mesa", eu não entendia muito bem mas agora estando na platéia consigo entender a intensidade do "clima" que foi criado e está se mantendo. Fico mais feliz agora por algumas palavras que ouvi da platéia na outra mesa, pois diz respeito a algo que transcende ao fato de ser uma "boa palestra". Vocês criaram este clima. E falaram de coisas muito importantes e de uma maneira muito doce. Falaram simplesmente – a Isabel – de que por exemplo a adoção, além de pensar como uma coisa feita com crianças que não têm família, deveria começar na própria família, ou seja os pais biológicos adotarem de fato seus filhos. E com isso trazem toda uma discussão que na pediatria a gente vê muito, que é a diferença de querer estar grávida, de querer ser mãe, de querer ter um filho, e de querer cuidar do filho. São quatro situações que se confundem muito, por quem engravida e por quem cuida dessa situação. São coisas absolutamente diferentes. Com respeito ao padre Lancelotti, eu acho que é uma doce ambivalência que fico, ouvindo-o falar. Por um lado gostaríamos de não ter que falar disso, mas isso é o que acontece e alguém tem que falar com conhecimento de causa de como os mecanismos de sobrevivência e de construção de famílias e construção de cuidado se processa nessa sociedade injusta e subumana. Ele não está trazendo aquela situação real que a média de nós tem, com uma cara suja de meleca, pedindo dinheiro num farol, ou com um vidro, querendo tirar algum dinheiro de nosso bolso. Esta é a imagem que nós temos da rua, e a rua parece ser uma coisa muito mais importante. E a última coisa que eu queria falar, que talvez o padre já saiba, mas se não sabe eu gostaria que soubesse, que quando o senhor fala do brilho dos olhos das crianças, os seus também brilham muito!

Público

Minha colocação tem a ver com o que vocês falaram, tanto a Isabel quanto o padre Lancelotti, sobre a questão do tempo que se precisa para as coisas. Quer seja para "historicizar" a vida da criança abandonada, quer seja para observar e sendo apanhado por esse contexto, esse cenário, ir podendo conhecer suas leis. E eu pensava que a questão da adoção que você traz e talvez a questão séria que nós tenhamos nas nossas práticas, é que agora a velocidade e o custo-benefício são as leis que imperam. Quando vai se pensando que para criar esse filho quanto custo teria... Fica bonito ouvir, mas aí eu pensava "nossa, com quantas coisas vamos ter que lutar para que isso vingue, se a gente acredita nisso, nos laços, ontem se falava na confiança. Como é que se cria isso? Que foi se perdendo através de que o outro é um potencial inimigo enorme e a gente vai se cercando de seguranças. Então pensei que, primeiro, teríamos que pensar como instituir espaços em que essa lei custo-benefício não exista, ou ela seja afastada um tanto para dar tempo de criar. E outra que na área da adoção, quando você vai contando esse episódio eu vou pensando que o discurso que a gente ouve é "puxa, tá cheio de criança abandonada, que bom que tem alguém que pegue!". Como reverter isso? Porque os abrigos, os lugares das crianças, são horríveis. Então se tem estrangeiro interessado, vai levando, que já é melhor! Como instituir isso do respeito, de que material nós temos que nos utilizar em termos de procedimento, para pensar que uma criança abandonada, miserável, merece respeito. E não é qualquer mulher, casal, ou quem quer que seja, que vai levando, quer seja no Brasil ou para um outro lugar. Porque é isso que a gente ouve. São as questões que atravessam esse campo que vocês estavam trazendo. Outro discurso disso. Eu gostaria que vocês desenvolvessem um pouco essa briga.

Isabel

Bom, é o que a gente vem fazendo no dia-a-dia, no corpo-a-corpo, eu diria, e buscando alternativas. Procurei apontar que precisamos evitar a cisão de que a violência e o desamparo estão lá do outro lado – dos pobres, dos miseráveis e excluídos – e de que nós estamos bem. Isto que parece óbvio, e a gente vive dizendo nos nossos divãs, se perde muito no cotidiano. Mas a gente quer ser bom o tempo inteiro. Acho que todos nós que estamos metidos nesse trabalho humano também temos uma questão narcísica de sermos bons, de nos completarmos – uns com mais crítica, outros com menos, mas a gente cai muitas vezes nesse engodo, e como é difícil tolerar esse impasse, viver essa ruptura, respeitar e olhar e observar quais são as culturas que se organizam. O padre Júlio trouxe de uma forma brilhante tudo aquilo que a rua nos ensina e tem, o que não significa que é uma maravilha, que vamos todos ficar como os meninos de rua porque a gente fica sempre sonhando com essa transgressão. O que eu tentei propor aqui hoje é a necessidade de olharmos para essa família, não para desculpabilizá-la nem para culpabilizá-la, mas entender que significados tem quando ela se comporta assim, como está, por onde anda o seu desamparo, onde nós ajudamos a atrapalhar e onde podemos ajudar. Então, por exemplo, na palestra mencionada em minha apresentação, eu brincava com os pais: vamos lembrar como é que a gente brigava com os irmãos; no fundo, nós todos temos sim inveja deles. Procurava, assim, resgatar com eles algumas coisas aparentemente bobas. A psicanálise trabalha com o mito do pai da horda, quer dizer, aponta como os vínculos de solidariedade se criam entre os iguais porque no fundo os irmãos tinham medo que um deles, ou si próprio, fosse morto, já que mataram o pai. Então, por trás dos vínculos de solidariedade também tem violência, inveja, tudo o mais. Acho que esses são mecanismos que vamos resgatando mas que sempre perdemos. Nos divãs parece que fica fácil tolerar, mas estão lá presentes na educação, no dia-a-dia. O que significa uma criança agressiva, que morde, o que significa um adolescente que transgride? Ele está brigando para ser ele mesmo. Mas, na realidade, a questão como conseguir ser ele mesmo, em confronto com as regras. Creio que os adultos têm sempre que mostrar como esse social se organiza, como isso está estruturado para poder acolher qualquer sujeito em sua singularidade. Reconhecer a singularidade não significa realizar todos os desejos. Isso vale para a Febem, a família, as escolas. Hoje à tarde se falará um pouco sobre a educação. É importante rever o que se fez do tal do construtivismo. O problema não é o construtivismo, mas a interpretação que se faz disso – a criança faz o que quer, do jeito que quer. No entanto, reconhecer que ela sabe não quer dizer que ela vai poder fazer tudo. Então eu acho que esta revisão deve ser construída nos mais diferentes espaços, em todos esses equipamentos juntos. É a educação, é a saúde, é a família. A rede social é muito ampla e a gente precisa contar com ela. Não é num divã que a gente dá conta, não é numa escola, não é na família, não é num consultório de pediatra. É nessa interlocução, e com a mídia: a gente briga sem parar com ela porque ela estraga, ela quer que o menino roube, mas se a gente não entender que o menino quer aparecer na televisão, a gente não vai saber como reconhecê-lo. Nós temos que aprender como a mídia funciona. Bom, isso é matéria para muita discussão ainda...

Padre Júlio

Eu queria tentar completar dizendo primeiro que é como se eu estivesse num grande divã diante de tantos psicanalistas, quantas coisas eu gostaria de dizer. Mas algumas delas me agradaram muito, ouvindo a Isabel, de pensar que por caminhos diferentes nós deveríamos ter um diálogo maior da teologia e da psicanálise, e de outras coisas porque no fundo por tantos caminhos diferentes nós chegamos a coisas muito semelhantes, ou a necessidades muito parecidas. Eu gostei muito quando a Isabel falou que nós temos que abrir a porta da casa. E como nós temos que abrir a porta dos nossos espaços. Eu estou muito pressionado, nos últimos dias, por muitos debates sobre a questão da responsabilidade penal dos jovens aos 16 anos. O que significa psicanaliticamente uma sociedade que quer dar a responsabilidade penal do adolescente aos 16 anos, aos 14 anos, e não quer baixar a responsabilidade civil dos 21. Quer dizer, para ele casar ele tem que ter 21, para ele assinar cheques ele tem que ter 21, para ele ter direito sucessório e ter direito de vender ou de comprar ele tem que ter 21. A responsabilidade civil é 21 mas a responsabilidade penal... até num desses dias, num debate, eu disse: S. Tomás de Aquino diz que a gente sabe o que faz aos 7 anos, então a responsabilidade penal devia ser aos 7. Mas o que estou querendo dizer com isso? Eu acho que uma grande saída é buscarmos esse profissionalismo, buscarmos a questão ética, porque eu acho que a questão ética é que muda nossa ótica e você tem a ótica a partir da ética. Eu penso que nessa luta e nessas coisas que nós estamos pressionados, nós deveríamos ter a porta aberta. Quer dizer, eu ficaria encantado se os psicanalistas do *Departamento de Psicanálise da Criança* pudessem dizer na sociedade também o que é que eles pensam disso. Como é que o departamento de psicanálise, ou os psicanalistas associados em vários grupos, lêem a sociedade que quer responsabilizar o jovem aos 16 anos. Isso vai criar um novo, é abrir a porta da casa, porque nós ficamos dentro das nossas casas, dos nossos "doutoramentos", dos nossos "mestramentos" e outras coisas que nós temos que fazer, dos nossos clientes e das nossas coisas, e nós não abrimos a porta para discutir esse mundo que está nos circundando. E se nós pudéssemos ter mais voz em determinadas coisas... Fica parecendo que sempre são especialistas em coisas. Eu estou me tornando especialista em rebelião, mesmo porque a secretária de Estado disse para o governador: "Ah, aqueles cacetetes que estão lá, é o padre Júlio que esconde e depois vai buscar", "e aquelas marcas que os meninos têm nas costas são eles que se batem entre si". Então são interpretações canhestras, ideológicas, às vezes até eu diria perversas, que se faz da realidade. Mas são tão perversos os que fazem quanto os que não fazem. Eu acho que nós temos acúmulo de saber em várias áreas, e o abrir a porta, o transformar as coisas, eu penso muito e isso eu aprendi no trabalho pastoral como padre; se o padre fica cuidando só da paróquia dele, ele fica muito rabugento. Eu, mesmo cuidando de muitas coisas, fico rabugento também. A gente tem que ter um olho no mais próximo, mas tem que ter também um olho no geral, nas coisas comuns da sociedade que estão nos incomodando, que estão nos trazendo muitos problemas. Então isto eu gostaria muito de pedir. Eu acho que é aí que você faz a interlocução com a sociedade, com as pessoas, que você transforma as pessoas, que você traz dúvidas, leva reflexão. É poder dizer, por exemplo: os psicanalistas de São Paulo acreditam e vêem que na questão da responsabilidade penal aos 16 anos... é isto que nós estamos vendo, é isto que nós estamos refletindo. Vai que a nossa sociedade se enriqueça, não se empobreça, porque senão nós também ficamos num narcisismo "especializatório" e só, e eu, na minha super especialização, sei dizer, tenho que dizer isso na mídia, eu tenho que dizer isso no Fórum geral da sociedade, porque isso também é amor. Eu tenho repetido muito pra mim mesmo uma frase que para uns causa um efeito, para outros causa outro: cada um de nós carrega no seu corpo as marcas do seu amor. E alguns de nós carregam no seu corpo a marca de um amor muito empobrecido, muito egoísta e muito fechado, de uma idolatria do seu próprio espaço. Então é isso que eu trago quase que como um pedido de socorro para vocês, porque sempre são as mesmas vozes, os mesmos interlocutores. Essa interlocução tem que ser dada. Eu gostei muito quando você falou do estranho. Mesmo trabalhando com o povo da rua, eu vejo muito a intolerância que a Igreja tem com a população de rua. Gente de rua, gente que mora na rua, adora um microfone, e como na Igreja o microfone está disponível, eles pegam depressa e fazem um discurso, e gostam muito de atrapalhar certas coisas. Até uma liturgia bem bonita, bem-feita, qualquer uma que seja, uma pessoa de rua atrapalha em dois tempos, acaba com tudo em dois tempos. As pessoas da rua têm tudo interditado. Determinados espaços, mesmo públicos, são tornados privados para a população de rua. Ele não pode entrar porque ele é um espelho enorme e ele é o questionador. O questionamento maior da ética – e a ética latino-americana coloca muito isso, o outro – a alteridade me questiona. Esse estranho, essa alteridade me questiona nas minhas certezas. O Padre Comblem, que é um grande teólogo e que marcou muito a minha vida, diz: a pessoa caída na rua é a pedra de tropeço de toda a nossa sabedoria, porque toda a nossa sabedoria não serve na hora em que você tropeça com uma pessoa caída na rua. Mas ela é uma pedra de tropeço para o saber, não é uma pedra de tropeço para o ser, se o teu saber se torna importante no teu ser, para que você possa ter uma palavra, uma resposta. Eu quase que trago para vocês um grito de socorro num momento em que a gente vive tantos conflitos e nós precisamos ter mais aliados, mais alianças, mais gente aliada nessas causas tão difíceis e que o nosso saber e o nosso conhecimento são capazes de jogar luz neste debate que está tão empobrecido na sociedade brasileira.

Público

Um pequeno comentário: dentro desse clima que eu percebo nessa nossa conversa de agora, indiscutivelmente todos nós estamos muito envolvidos com as questões de uma solidariedade, de não ficar fechados nos nossos consultórios, nas nossas especificidades. E quando começamos a, dentro de cada especificidade nossa, incorporar novos discursos, corremos o risco, em algum momento, me parece, de transformar uma coisa que me parece que o padre indicou muito bem: como era importante, para quem trabalha com os meninos de rua, ser profissional. Então me parece que temos uma tensão que nós profissionais, cada um na sua especificidade, temos que lidar, que é: com aquilo que nós vemos como projeto social e político diante de uma sociedade que se atomiza, que nos deixa desamparados, e como resgatar, nessa sociedade, a singularidade do nosso fazer, de cada um de nós. Era um pouco dentro disso que eu estava falando ontem, me parece que às vezes nós, psicanalistas, no contato com a sociologia, nos empolgamos porque temos interesse e temos uma ação política para fazermos da nossa prática uma ação política, na qual ela requer uma singularidade de intervenção muitas vezes clínica. Não dissociada da política, mas que tem uma especificidade. Freud falava da dificuldade de a gente pensar numa pedagogia psicanalítica, ou falava da dificuldade de ter uma *Weltanschauung* psicanalítica, uma concepção de mundo psicanalítica. Então eu penso que nós temos aí uma tensão interessante, que pode ser produtiva se nós pudermos trabalhar com ela: entre o que é a nossa ação política – e ação política levada a todos os territórios onde a gente trabalha, nas instituições, em casa, na rua –, e ao mesmo tempo a nossa ação específica, dentro do nosso fazer. Porque eu acho que às vezes pode ficar muito complicado quando nós queremos fazer muita política no consultório ou muita psicanálise no social.

Padre Júlio

Eu completaria dizendo que seria interessante não fazer política no consultório, fazer psicanálise no consultório e política na sociedade, a partir do conhecimento psicanalítico. Porque também é o que na Igreja aconteceu: nós não temos que fazer política na Igreja. Nós estamos fazendo teologia, religião, pastoral, e o povo não quer que se faça política. Eu acho que, nesse sentido, na especificidade do profissionalismo, é fazer a psicanálise no consultório e a política na sociedade com o olhar do psicanalista. E neste sentido o olhar do psicanalista muito ajudaria em algumas questões. Por exemplo, eu sinto muito empobrecido, nesse momento na discussão interna na Febem por falta de profissionalismo e de aportes de visões técnicas de profissionais, que se dêem a partir de como se deve fazer aquele trabalho. E na questão, por exemplo, de o rebaixamento da responsabilidade penal ser uma contribuição profissional nesta área numa questão que é política na sociedade. Mas que fica faltando essa visão. Por exemplo, a Sociedade de Pediatria não dá uma opinião em relação a isso. O Sindicato dos Professores não dá uma opinião em relação a isso. Então nós estamos pedindo que o Sindicato dos Professores faça, deixe o seu que-fazer profissional – que seja um bom professor na sala de aula – mas também... Porque nós estamos perdendo a visão da totalidade. Volta naquilo que foi dito: cada um cuida de um pedaço, e no fundo o essencial, a totalidade se perde. Então para mim hoje uma das questões que mais se coloca em tudo que nós temos feito é mantermos um profissionalismo, mas um profissionalismo que não seja confundido com tecnicismo. É um profissionalismo amoroso que tenha humanidade, carisma humano dentro, e que tenha também essa outra dimensão. Você completa bem quando diz: não é fazer psicanálise na sociedade e política no consultório, mas fazer psicanálise no consultório e política na sociedade a partir dos teus olhos de psicanalista.

Público

Eu queria agradecer à mesa. O debate está realmente brilhante; a gente gostaria de continuar. E quando tem um padre na mesa a gente faz a *mea culpa*. Realmente eu acho que está faltando a gente se expressar mais em relação a essas questões. Ultimamente a gente... só tem se manifestado às questões da rebelião da Febem junto com o CRP, mas eu acho que a gente realmente tem feito pouco, apesar de o Sedes ser e ter uma tradição política e de pensar muitas questões do Brasil. Nesta hora a gente sente a falta da madre Cristina como uma pessoa que realmente tinha esse poder de congregar e de expressar o pensamento político que surgia, que nascia aqui neste local. Mas eu queria só levantar uma questão aqui também para a Isabel. É que a gente tem falado aqui desde ontem dessa questão da desorganização e da desestruturação da família, e desse rompimento de vínculos que está existindo, mas de repente os indivíduos procuram, de alguma forma, se reorganizar nesses novos grupos que acabam fazendo também um novo modelo familiar. Por outro lado a gente fala que esses modelos aí de família... a partir de que modelos... se a gente tivesse bons modelos familiares... a gente estaria possivelmente seguindo esses modelos. A gente vê que esses modelos não deram certo, é uma busca, me parece, muito mais uma nostalgia de algo nunca alcançado de verdade, e possivelmente também uma angústia muito grande com esse desconhecido que se aproxima, especialmente com esse fim de milênio e esse novo. E quando você fala desse abrir as portas, me parece uma coisa de esperança perante isso que se aproxima. Eu gostaria de juntar isso e ver o que você tem nesse sentido.

Isabel

Lembrei de uma amiga que me diz: ô Bel, quando você morrer no teu túmulo vai ter "aqui jaz uma esperança". Bom, se eu tenho esperanças para a Febem (não como ela está hoje constituída, mas pensando assim que tem que ter abrigo, e tem que ter alternativa), enfim, o que dirá com a família? Acho que eu confio no relacionamento humano, na criatividade humana. A gente não pára de inventar e as crises fazem parte. Claro, é um ideal nostálgico querer a perfeição. O paraíso... o que nos funda... Eu vou provocar um pouco: se fosse tão bom o paraíso, ninguém teria saído dele, por que será que desobedecemos? Voltamos a essa história da transgressão – e assim nos tornamos o que somos. Então eu acho que na verdade essa ilusão de uma família perfeita que desse conta retoma a ilusão do paraíso. Hoje na sociedade está configurado assim. A religião já ocupou esse lugar muitas vezes, de ir para o céu e tudo o mais. A família tomou para si, na modernidade, esse lugar, e entra em crise no século XX e é responsável por tanta patologia. Mas a patologia, ao mesmo tempo, é criação, e isso a psicanálise nos mostra. Está aí o gênio de Freud: quando uma histérica adoecia, o que estava buscando? Transgredir o social que lhe impedia a realização sexual. Resgatar a criatividade do sintoma seria sua apologia? Não, mas é importante entender o que ele quer dizer, o que essa singularidade quer dizer. O que o menino de rua está denunciando? A sociedade que prometeu, reivindicando aquilo que lhe foi oferecido e não lhe foi dado. Tem uma manifestação subjetiva aí. Então o que eu acredito é que a busca amorosa, a busca da completude é necessária e ao mesmo tempo ela não dá conta, tem uma hora que fica sufocante. A família do século XIX ficou sufocante para a mulher, toda essa história que a gente conhece, que a gente tem falado muito. Hoje buscam-se novas relações que trazem o gostoso, o amoroso, o prazer, a sexualidade, e, com certeza, conflitos. Mas nesta busca de novas relações, às vezes se busca repetir a ilusão narcísica. Num primeiro momento os pais não querem separar para não frustrar os filhos; depois, o filho tem que amar igual todas as famílias, tem que se distribuir igual, etc., sempre nessa tentativa de negar as diferenças (Maria Rita Kehl brincou ontem com o vice-pai, etc.). Bom, essa criança vai escolher se quer gostar do outro pai, não gostar do pai, renunciar ao pai, etc. São opções que se fazem e a gente, assim, pode arejar um pouco a família. Então a minha esperança é nessa perspectiva, e os relacionamentos humanos estão aí para nos provar. E continuamos fazendo filhos, tem aí os bebês de proveta, não sei se eles vão vingar tão bem, pois continua sendo muito gostoso fazê-los, e é importante fazê-los. Então eu acredito na família. O que não significa que não vai ter conflito, que não vai ter problema – faz parte. E é o que nos faz renovar também, buscar nos proteger; atualmente, de uma forma muito alienada. Não é à toa que se volta a movimentos facistas, a movimentos de minoria, a exterminar o que é diferente. Então acho que está na hora de a gente botar novamente em discussão o mito da proteção, do fechamento e da mesmice.

Márcia

Só para dar um encaminhamento aqui para as nossas conversas, eu não estou resistindo à tentação de fazer um certo depoimento. Eu acho que é uma questão de justiça com alguns trabalhos que a gente tem desenvolvido, estar colocando aqui para o padre e para algumas pessoas, de que o Sedes tem participado enquanto seu corpo de psicanalistas, em várias colocações que eu acho que vale a pena também se redimir um pouquinho aí, nas nossas dívidas. Eu acho que dá para a gente lembrar a participação de psicanalistas na elaboração do ECA, e a participação de vários setores aqui da clínica e dos cursos ou dos departamentos em algumas questões. E em especial eu vou pedir desculpas de estar referindo a uma questão bastante particular, mas a gente tem participado nas discussões sobre a questão da adoção, de projetos de lei – a gente tem opinado. Então, enquanto psicanalistas também tem havido algumas questões nas quais temos nos manifestado a respeito.

Público

Eu queria fazer uma colocação. Primeiro externar mais uma vez a minha admiração e importância do trabalho que vocês fizeram e da mesa que foi apresentada. E colocar uma questão em cima do que a Isabel e o padre Júlio colocaram, também a ver com o que aconteceu na primeira parte, da manhã, que é a questão do medo e da alteridade. Ela realmente é problemática. Eu tenho uma experiência de estar trabalhando sempre no campo interdisciplinar e nas articulações entre as disciplinas, eu acho que essa questão do narcisismo – que se coloca em todas as instâncias, não só na questão do eu e do outro, na questão da sexualidade, mas também na questão do conhecimento e dessas posições fechadas. Eu acho que vai fazendo essa situação que nós estamos vivendo no atual momento e que vai sendo explicitada nas falas, que a gente, através do medo do autoritarismo e o respeito absoluto à singularidade, vai se transformando nesse narcisismo, nessa cultura do Um. A cultura do Um narcísico nos aproxima muito do Zero autista. Então eu queria dizer que essa foi uma questão que me ocorreu, e fruto de todas as colocações desde ontem até hoje, que talvez a gente pudesse entender que, já que estamos falando de números, talvez a questão do bug do milênio não seja só uma mudança do número nos nossos computadores que vai dar um *tilt* geral na humanidade. Eu acho que é essa cultura do Um que está nos aproximando do Zero. Então aí eu queria colocar a importância desse resgate do estar aberto, como colocou a Isabel, abrir a casa, mas abrir a cabeça e a sensibilidade que teve, na organização desse evento, que abre para a questão interdisciplinar, que abre para a questão dos outros setores do conhecimento – eu acho que isso é fazer política. Fazer política é estar ouvindo outras produções de conhecimento, e essas coisas se irradiam enquanto estética, enquanto postura ética. É através da interdisciplinaridade que a gente chega até a atomização de entrar no quarto do filho e pensar o seguinte, como colocou a Isabel. A gente tem que pensar que hoje a guerra não é mais da cortina-de-ferro, ela é individual; de repente os adolescentes têm um arsenal no quarto e vão fazer a sua guerra individual. Eu acho que é essa a questão que eu estou colocando como o bug do milênio, significar esse bug do milênio.

Padre Júlio

Completando e acho que finalizando – o nosso tempo já estourou em bastante – dizer que a gente sabe de todas as contribuições que nós temos tido a partir do Sedes, mas a importância de alguns novos temas, como este da responsabilidade penal, nessa questão que eu peço uma colaboração muito grande e um pedido de socorro porque é uma luta terrível. Agora eu acho que nessa questão do arsenal, a gente não está percebendo o arsenal destrutivo, mas também não está percebendo o arsenal criativo. Então quando você não percebe o destrutivo, você também não percebe o criativo, e vice-versa, quando você não percebe o criativo você não percebe o destrutivo. Eu tenho sofrido muito, na minha experiência como padre, no meu relacionamento com os jovens que estão na Febem. Porque eles me olhando como padre, a mim é permitido coisas que eles não permitem a outras pessoas, é muito interessante isso, eu tenho procurado analisar muito isso. Eles me permitem o toque, o abraço, a bênção, a oração, o afeto, que eles não têm permitido aos outros. Mas porque também os outros nunca se permitiram o toque, o abraço, a bênção e a oração. Então existe toda essa questão terrível. E essa questão de a gente enfrentar a segurança e o medo como paralisação ou como salto para o novo, o salto para uma novidade. Eu contei outro dia na USP o fato que me ocorreu, que marcou muito para mim, na rebelião lá na Imigrantes, logo que iniciou tudo aquilo, o fato de que quando os juízes foram embora, ficaram só alguns promotores e algumas pessoas da imprensa, além de toda a direção da Febem, muito revoltados porque eles não abriram a porta e nós abrimos a porta e entramos naquele espaço para encontrar o que tinha. Quando todo aquele grupo estava se retirando os diretores diziam, quando começou um barulhão muito grande dentro de uma ala: "olha lá, começou uma rebelião, cadê o pessoal dos direitos humanos? Venham agora, vai lá, vocês não são bonzinhos, vão lá agora, olha lá como é que está". E aqui um burburinho, um pavilhão com 360 adolescentes, era tarde da noite. E um diretor dizia "cadê a filha da puta da juíza, vem agora, cadê os direitos humanos? Padre, vai lá". E nós lá fora ouvindo aquele burburinho. Então você é colocado num desafio enorme, eu estava com essa famosa pastinha aqui, eu me enfiei nela e fui lá para dentro. Quando eu entrei lá dentro, alguns adultos já estavam com as cadeiras na mão para atacar e para se defender. E aquele barulhão e os jovens se levantando. Aí eu pulei lá no meio deles e falei: "sentem todos!" Dei um pulo dessa altura. Eles: "o padre ficou louco". E um dos meus amigos que estava lá, um jovem que eu tinha atendido há mais tempo, o Michel, ele está numa clínica agora para dependentes químicos, ele é mais alto do que eu, negro como uma noite sem luar, com os lábios muito negros, a língua muito vermelha, os dentes muito brancos. Ele calça 46. Eu falo para ele: "você é o meu seguro, não é?". Aí ele olhou para os outros e falou: "senta que é o padre". Aí eu disse para eles: "todos sentem, todos fazem silêncio, ninguém diga mais nada, nós vamos fazer uma oração". Aí eu levantei os braços, todos eles levantaram os braços, e eu disse: "Pai Nosso", e eles: "Pai Nosso que está no céu, santificado seja o Vosso nome..." rezavam pondo tudo para fora, a tensão, a catarse, tudo aquilo foi uma coisa que mexeu com eles o dia inteiro, uma confusão sem fim. E aí eles continuavam, para arrepio ecumênico, mas eles foram: "Ave Maria, cheia de graça...". Quando eles terminaram toda aquela oração, eles aplaudiam, aplaudiam, não paravam de aplausos, e aí o pessoal de lá de dentro dizia assim: "Pois é, estão até rezando agora, batendo palma, rezando". E quando eles terminaram, e aqueles aplausos, eu disse: "e agora fiquem todos sentados, ninguém mais se levante". E aí um disse "não, nós vamos apanhar". Eu disse "por favor, ninguém fale mais nada, fiquem todos sentados". Aí eu fui ao diretor que tinha me desafiado e desafiado todos nós e disse "pronto, estão todos sentados em silêncio. Agora você mantenha a disciplina sem violência. Mantenha, porque você falou que era para fazer isso, pois estão agora como você pediu. Agora mantenha a disciplina". Aí quando eu saí dali estavam vários agentes de segurança que vão com um ferro dentro da calça, todos já perfilados, prontos para entrar em ação. Eu estava com mais raiva do que o Moisés quando desceu do Monte Sinai. Quando eu vi aquilo, eu disse para eles: "batam continência para mim!". Eles ficaram tão assustados com a possibilidade de fazer isso que foram embora. E aí no dia seguinte eu voltei, porque eu pensei, o que será que terão feito com esses meninos? Aí chamei o meu secretário, o Michel. Aí falei: "Michel, como é que foi o final, deu tudo certo?". Ele falou: "é, aí os monitores entraram lá e falaram assim: 'por que vocês obedeceram o padre? Por que que ele falou para sentar e vocês sentaram? Por que ele falou para ficar em silêncio e vocês ficaram? E ainda rezaram e bateram palma? Por que o padre vocês obedeceram? Vocês tinham que pegar o padre de refém, vocês tinham que ter feito tanta coisa, por que vocês fizeram isso?'". Aí o Michel olhou para eles e com aquela mão de quem calça 46, com os olhos brilhando mais do que o sol na neve, ele falou assim: "Porque o padre é digno e vocês são tudo pilantra". Então nos momentos de ousar... Ele foi muito ousado de responder isso. Depois apanhou porque respondeu. Mas ao mesmo tempo ele fez a experiência da dignidade, ele fez uma experiência da sua voz, da sua identidade, então nesse sentido eu acho que tudo isso que a gente busca exige de nós ousadia. A gente tem que vencer o embotamento, o medo, e muitas vezes ser ousado, porque se a gente não for ousado nós não vamos conseguir entender muitas coisas. E essa ousadia nos faz mudar de lugar social. Quando me impediram de entrar no quadrilátero da Febem e eu não tinha como saber o que acontecia com os meninos, eu ia visitar as presas no presídio feminino e elas diziam para mim: "vem cá, padre, nós sabemos o que o senhor está querendo saber". E elas iam no pátio, fazendo o sinal para os meninos do outro lado, para eles me dizerem o que estava acontecendo. É incrível acontecer isso, me impediram, eu não podia entrar para saber. E elas diziam, dos sinais: "o padre está aqui mandando um abraço para vocês", e eles diziam do outro lado "um abraço para ele também, nós estamos com saudade". E aí para lição minha, elas disseram para mim: "padre, vamos fazer uma oração por eles?". E aí eu fiquei meio atrapalhado, porque as presas estavam pedindo para fazer oração, não fui eu. E aí elas fizeram a oração com as mãos estendidas para a unidade onde eles estavam e eles, pela janela, iam fazendo a oração. E no final todos fizeram "amém".

Isabel

Não é possível não ter esperança, não é?

Padre Júlio

E ontem eu fui convidado pelo diretor para ver como é que ele está vedando as janelas para que eles não façam mais sinais, mas eu nem disse para ele que o que ele está pondo para vedar vai dar para ver a sombra, e eles vão continuar se comunicando.

12

A CRIANÇA, A ESCOLA E O PROCESSO DE APRENDIZAGEM

Maria de Fátima Marques Gola

Agradeço inicialmente o convite e a oportunidade de falar sobre esta área que é relativamente nova: a psicopedagogia. É também bastante polêmica, mas abre espaço para discutirmos o processo de aprendizagem.

No título deste trabalho enfatizei a expressão do processo uma vez que este passou a fazer parte do universo escolar a fim de compreender melhor como ele se dá e quais são suas especificidades. Sendo assim, vale a pena definir aprendizagem. É uma atividade na qual indivíduos ou grupos humanos, mediante a incorporação de informações e experiências, promovem modificações estáveis na subjetividade e na objetividade individual ou na dinâmica grupal, revertendo a um manejo instrumental da realidade. Concebendo-a assim, deve ser entendida como uma ação ampla que está colocada além da escola. Evidentemente, a escola será sempre mencionada por ser o local onde se concentra a transmissão sistemática do conhecimento produzido pela humanidade e a observação formalizada desse processamento. Na vida cotidiana será visto de forma assistemática.

A capacidade de agir, de se movimentar, de transformar, de mexer com referenciais anteriores, de disposição para fazer mudanças, significa aprender. Para atingir essas metas é preciso gerar conflitos no pensamento. A necessidade de questionar, indagar o que é preexistente. Pode parecer contraditória a idéia de gerar conflitos já que, como ouvimos nas apresentações anteriores, a família atual tenta minimizar a decepção, a espera pelas quais as crianças passam. O imediatismo vivido atualmente desfavorece a criação. O preenchimento rápido desse espaço compromete a capacidade de buscar. Promover o desafio favorece a obtenção de mudanças e aperfeiçoamentos. É exatamente nesse espaço aberto que aparece o novo. Quando se tem tudo arrumado, fechado, não há mais o que fazer. Não há o que transformar.

Desenvolver a capacidade de pensar requer deixar perder o que antes oferecia segurança para assumir riscos. Isto significa que o conteúdo adquirido deve ficar em parte assentado e em parte questionado para deixar o novo entrar. Rever para criar é tarefa complexa e a inteligência exige esta flexibilidade.

Com o auxílio da epistemologia genética, da psicanálise e da psicologia social, a psicopedagogia dinâmica propõe analisar o caminho percorrido pelas crianças que apresentam problemas de aprendizagem a fim de proporcionar, quando possível, a recuperação de um percurso favorável na utilização de sua capacidade cognitiva.

A escola aparece na história, a partir da necessidade de reunir pessoas para obter o conhecimento. Existia um transmissor que tinha o saber, a razão. Ele era responsável pela passagem. A escola tradicional exercia a função de colocar o conteúdo no aluno, para que o saber científico fosse transferido. Os que não se saíam bem, ou seja, aqueles que não recebiam da forma esperada o conteúdo transmitido, eram avaliados como incompetentes e a responsabilidade era da família. A escola tinha cumprido seu papel.

A Escola Nova reformulou vários conceitos e trouxe a relação vincular para esse ambiente. Os professores que eram tratados por "senhor" ou "dona", passaram a ser tratados por "tio" ou "tia". Esse tratamento refletia a aproximação nessa relação. Posteriormente essa familiaridade foi questionada, pois, apesar da proximidade alcançada provocou uma indiscriminação entre algumas relações familiares e sociais. Na época, a intenção era conceder importância a esse vínculo que passou a ser acompanhado e analisado como pertencente ao aproveitamento escolar.

Estudar a criança; seu desenvolvimento físico, afetivo e cognitivo é de interesse crescente neste século. Já houve tempo em que a criança não significava nada, até sua morte não era vivida como perda significativa. Em séculos passados, nem a família nem a sociedade valorizavam essa etapa da vida.

Atualmente o foco é dirigido à criança. Temos um holofote em seu desenvolvimento a fim de atendê-la nos diversos espaços que ocupa. Temos cem anos de Freud e de Piaget. Nesse período o funcionamento infantil passou a ser objeto de estudo, valorizando o que é vivido na infância.

Nas últimas décadas, a escola acumulou funções a partir das demandas dela mesma, da família, da sociedade e do próprio entendimento das questões infantis. Freqüentar a escola desde os primeiros anos de vida também provocou a preparação de educadores que cuidassem de necessidades básicas; afetivas e cognitivas, da passagem de valores sociais, do acompanhamento do convívio em grupo, da transmissão e da produção de um saber. Neste sentido, os que não têm um bom acompanhamento passam a ser responsabilidade da escola. Observá-los, levantar as dificuldades pelas quais estão passando, dimensionar o trabalho que a própria escola pode fazer, engajar a família no reconhecimento de dificuldades e encaminhar a outros profissionais quando necessário é um trabalho extenso. Muitas vezes, uma sobrecarga é gerada nas funções que a escola se propõe a assumir. Detectar que o rendimento baixo pode ser conseqüência de fatores que extrapolam a análise de dados obtidos na escola e os instrumentos utilizados são insuficientes para clarear a problemática apresentada, requer discernimento do trabalho que deve ser alcançado na instituição. As famílias podem ter a expectativa de que a escola abarque todas as dificuldades que a criança vive e se não houver um campo de trabalho bem definido aparece o excesso de funções passado para a escola.

Ter capacidade intelectual não é suficiente para o bom desempenho escolar. Muitas vezes aquele que é tido como inteligente não se sai bem. Cabe verificar sua capacidade de processar a aprendizagem. O sistema educacional vem sendo constantemente reformulado tendo em vista acompanhar e incorporar as novas informações e reflexões a respeito do desenvolvimento infantil. A Pedagogia se ocupa da metodologia e dos projetos que serão desenvolvidos em sala de aula. Muito material é produzido visando novas formas de ensino. O aluno participante ativo na construção de seu conhecimento é o alvo a ser atingido.

A avaliação do desempenho escolar era a verificação do conteúdo transmitido. Deveria estar dentro, então perguntas eram feitas e checavam as respostas. O sucesso era obtido com a reprodução das matérias dadas. Se hoje buscamos um processo de aprendizagem ativo e valorizamos as indagações e aquisições subjetivas o sistema avaliativo ainda é muito antigo e temos a tarefa de modificá-lo. Encontrar instrumentos mais próximos das exigências atuais.

A permissibilidade aumentou. Manter a disciplina é tarefa trabalhosa e necessária. Como já foi dito em outra apresentação, os professores precisam estabelecer normas, o aluno precisa ter um modelo normativo para produzir. Uma atitude inadequada passará por uma análise. A conduta atual é conversar, ouvir a interpretação do ocorrido e propor uma mudança de postura com compromisso; entretanto, ainda é aplicada como medida disciplinar a retirada de sala de aula, a suspensão e até a expulsão por falta de recursos diferenciados que auxiliem na intervenção disciplinar.

As informações dos mais variados assuntos estão cada vez mais à disposição da criança fora da escola. O espaço de obtenção e circulação da informação está ampliado, porém não é suficiente para apropriação do conhecimento. A orientação para alcançá-lo é fundamental e tem a escola como meio dessa aquisição.

Podemos constatar muitos avanços a partir do que já é conhecido sobre o desenvolvimento infantil. Desafios novos aparecem em função de problemas que ocorrem no processo de aprendizagem. Por tratarmos de dinamismos humanos encontramos constantemente novas configurações que envolvem relações familiares, questões institucionais e sociais. Permanecemos buscando o que ensinar, como ensinar e avaliar, além de tentar promover relações que favoreçam o convívio humano. Essa incessante procura nos movimenta e nos faz dar mais um passo. O conhecimento produzido em qualquer época permite mudanças que não são antecipadas nem preestabelecidas. Abrir espaço para o desconhecido é estar atento ao porvir e se quisermos estabelecer o que fará parte do novo, atendendo às necessidades do preenchimento imediato das inquietações, deixamos de acompanhar o que aparece como novidade no processo de aquisição do conhecimento.

Para aprender, precisamos deixar o novo entrar.

13

PSICANÁLISE E EDUCAÇÃO

Audrey Setton Lopes de Souza

Psicanálise, educação, família, contemporaneidade, como articular continentes de tão ampla extensão?

Para evitar perder-se nesta aparente Torre de Babel é necessário tomar um vértice de observação. A que renunciar à possibilidade de falar todas as línguas e a partir daí poder falar e tentar ser compreendida. Bem, é a partir do continente da psicanálise que me proponho a conversar sobre estes temas.

Comecemos com psicanálise e educação.

Surge a primeira encruzilhada: abrem-se vários caminhos e diversas questões.

Como a psicanálise pode nos ajudar a compreender o que torna possível a aprendizagem, qual o desenvolvimento psíquico necessário para que uma criança possa transformar sua natural curiosidade infantil em um desejo de aprender? Desafio maior é tentar compreender como este desejo pode manter-se como prazeroso ao longo do caminho que transforma curiosidade infantil em desejo de saber.

Por outro lado também podemos percorrer o caminho que questiona de que forma os conhecimentos psicanalíticos podem ser úteis para a pedagogia e para a educação.

Outra questão nos leva ao penoso caminho de saber se é possível manter a ilusão de que o conhecimento da teoria psicanalítica poderia levar a uma revolução em termos de educação, além de verificar em que a psicanálise pode ser considerada um instrumento válido para conhecer e aprofundar os métodos pedagógicos.

Há ainda outro ponto a esclarecer: o que é educação para a psicanálise? Além disso é impossível a partir da psicanálise, acreditar que a educação possa ser concretamente realizada somente a partir dos princípios educativos pois não há como deixar de considerar o papel da personalidade do educador envolvido nesta tarefa; o que nos leva para a família e desta forma nos remete à questão da contemporaneidade.

Como vemos, mesmo dentro da psicanálise nos encontramos em um continente de imensa extensão: sendo mais rigorosa deveríamos considerar que neste continente falam-se dialetos bastante diversos, mas tentarei me limitar a certas similaridades, pois senão a inibição tomaria posse de meus pensamentos.

Voltemos ao primeiro ponto, que aliás me é tão caro pois tem sido meu principal objeto de estudo: "como tornar-se e manter-se capaz de pensar".

A relação entre a criança e o conhecimento é no senso comum observada a partir do momento em que esta busca o conhecimento organizado oferecido pela escola. Assim, as dificuldades encontradas no processo de aquisição do saber são freqüentemente trazidas como queixas em diagnósticos psicológicos a partir do ingresso na escola.

Os teóricos modernos da psicologia da aprendizagem como Piaget e Emília Ferreiro têm nos mostrado como o processo de aquisição do conhecimento inicia-se muito antes do ingresso na escola. A criança, desde muito cedo, pensa e exercita seu saber sobre o mundo, como um sujeito intelectualmente ativo que compara, ordena, categoriza, reformula, comprova, formula novas hipóteses, etc.

Uma das grandes revoluções introduzidas por Freud e seus seguidores foi demonstrar, através da teoria psicanalítica, que a criança, desde a mais tenra idade, pesquisa e busca conhecer o mundo à sua volta ou, mais especificamente, pesquisa no mundo os objetos ligados a seus desejos (seu corpo, seus pais, seus irmãos, seus limites, etc.). Em 1905, Freud, ao escrever sobre a sexualidade infantil, insere uma sessão especial intitulada "As pesquisas sexuais infantis", mostrando a intensidade da curiosidade infantil e tentando esclarecer suas origens.

Qualquer observador mais atento, ao acompanhar uma criança pequena, se deliciará e por vezes se encabulará com as questões que elas não param de formular. São questões "inteligentes" se considerarmos como elas são capazes de articular os conhecimentos de que dispõem para formular extensas teorias sobre os acontecimentos do mundo que as cerca. Vistas a partir do conhecimento "real e adulto", parecem construções fantasiosas, mas vistas do ponto de vista das possibilidades da criança, ganham outra dimensão: mostram um ser pensante em ação.

Freud sugere a princípio que um dos meios de evitar o aparecimento de sintomas neuróticos seria oferecer uma educação não repressiva, que pudesse responder aos questionamentos na medida em que estes fossem surgindo na mente da criança. O próprio Freud, com o desenvolvimento de seus trabalhos, apontou que o acesso ao pensamento, apesar de se iniciar com a curiosidade, necessita de uma série de outras importantes aquisições.

Correndo o risco de enveredar por sinuosos caminhos teóricos, tentarei, de forma sucinta, mostrar que modelos a teoria psicanalítica nos oferece para compreender o que mantém a criança neste prazer pelo pensar e pelo conhecimento.

Freud (1911) nos ensina que, no início da vida, a única forma de que a criança dispõe para lidar com a experiência é o que ele denominou de princípio do prazer, um modo de reagir às experiências, buscando sempre um alívio imediato de qualquer tensão e, para tal, recorrendo à onipotência, à alucinação ou à descarga motora como modos mais imediatos de obter o prazer e o alívio das tensões. O princípio do prazer buscaria a satisfação imediata, sem consideração pelos limites da realidade, neste universo do prazer não existe a possibilidade de espera, de substituições ou de renúncias, não são percebidas contradições, o tempo não existe e o desprazer deve ser evitado a qualquer custo. Bem... não podemos esperar tudo isso de um bebê. Assim, quando o bebê se vê perturbado pela fome, por exemplo, e não encontra imediatamente o seio para satisfazê-lo, ele onipotentemente o alucina, ou então recorre a uma descarga motora, visando aliviar-se do desprazer da frustração. Com o desenvolvimento psíquico, surgem novas possibilidades de enfrentar as tensões geradas, quer seja pela impossibilidade de satisfação imediata das necessidades, quer seja pelas circunstâncias da realidade; é o princípio da realidade que permite desenvolver formas de aliviar o desprazer nas quais estaria incluída a consideração pelas circunstâncias da realidade externa e a tentativa de alteração desta realidade a fim de alcançar o prazer agora modificado pelo princípio da realidade. A criança torna-se capaz de tolerar, momentaneamente, o sofrimento para poder, através do pensamento, encontrar formas mais adequadas de solucionar seus problemas e alcançar o prazer. Agora o bebê quando sente fome, por exemplo, pode lembrar-se da mãe, esperá-la e encontrar formas de se distrair ou buscar desenvolver formas de comunicar suas necessidades. Começa a surgir o embrião deste valioso instrumento que permitirá à criança agir sobre o mundo, relacionar-se com os outros e obter prazer em atividades cada vez mais complexas e inventivas: o pensamento.

O mundo no qual inicialmente a criança exercita seu pensar está ligado primordialmente ao seu corpo, sua mãe, seu pai e suas relações, mas a forma como é acolhida neste momento em sua curiosidade deixará marcas. Muitos autores com Bion (1967), Winnicot (1979) e Bick in Spillius (1991) têm estudado o papel da família neste processo destacando que para que seja possível um crescimento mental e o acesso ao pensamento como forma de enfrentar os conflitos é primordial a existência de algum objeto primário que possa oferecer à criança um "continente" adequado para as intensas ansiedades que ela experimenta nos primeiros passos de seu desenvolvimento.

Assim a criança que aos seis anos inicia a aprendizagem formal oferecida pela escola, muito teve que conhecer sobre si e sobre o mundo antes de poder investir essa energia no conhecimento do mundo das letras e números. Na latência o acesso ao mundo letrado dos adultos é um novo desafio e uma nova paixão e sabemos o quanto alguns modelos pedagógicos parecem agir no sentido inverso oferecendo um conhecimento maçante e desinteressante.

Percorremos o caminho que nos ajuda a compreender como a psicanálise nos auxilia a compreender o que é necessário, em termos de desenvolvimento psíquico, para que uma criança possa beneficiar-se do saber oferecido pela escola.

Mas será que os conhecimentos psicanalíticos podem permitir avanços, em termos de pedagogia e educação? Freud, no início de seus trabalhos, a partir da constatação dos efeitos da repressão e seu caráter patogênico, nutriu a esperança de que uma educação baseada nos conhecimentos psicanalíticos pudesse, ao limitar o papel da interdição nos métodos pedagógicos, oferecer uma profilaxia para as neuroses. Aqueles que se baseiam nestas convicções acreditaram que uma educação baseada na permissividade evitaria conflitos.

A própria Melanie Klein (1921) faz uma tentativa frustrada de fazer uma educação não repressiva, mas acabou concluindo que apenas uma parte dos danos resultantes da repressão, como a inibição intelectual por exemplo, pode ser atribuída a condições externas prejudiciais o que a levou a concluir que existiriam outros fatores (internos) que poderiam inibir a curiosidade infantil. Assim ao rever sua posição inicial de que era possível aplicar a psicanálise à pedagogia ela conclui da impossibilidade de integração entre o papel do psicanalista e do pedagogo; isto não significa que a psicanálise não possa ser útil à pedagogia, apenas que são campos com princípios e modos de relação interpessoais diversos. Mas a psicanálise serve à educação como um auxiliar ao preconizar uma diminuição do autoritarismo, um estímulo à liberdade de pensamento, um cuidado em relação às ilusões e falsas verdades impostas pelo adulto. A psicanálise pode preparar o terreno para a educação, porém nunca substituí-la.

A educação passa a ter um papel primordial ao por um lado estimular a liberdade de pensar e por outro através das restrições ao princípio do prazer, da marca do outro como um limite ao narcisismo e das indicações da realidade, impor a civilização ante as exigências egoístas do indivíduo, pois, como Freud concluiu, existe um antagonismo entre as exigências egoístas do princípio do prazer e a possibilidade da emergência da civilização e da vida em comunidade.

Catherine Millot (1987), ao examinar a relação Psicanálise e Educação, aponta como o problema que Freud ressaltou no âmbito da civilização, isto é, como conciliar as exigências egoístas do indivíduo com as renúncias impostas pela própria civilização, é semelhante ao problema com o qual se defronta a educação: como conciliar o desenvolvimento da criança em direção à civilização, com a manutenção de sua capacidade de ser feliz.

O mesmo pode ser dito em relação à escola e aos métodos pedagógicos, como ajudar a criança a aprender sem correr o risco de perder o caráter prazeroso da curiosidade e da aprendizagem. Quando a criança chega à escola e inicia o processo da aprendizagem formal sua capacidade de sublimar já foi estabelecida anteriormente no âmbito das relações com sua família; espera-se que tenha sido capaz de desenvolver-se internamente e que, ancorada por um ego capaz de pensar, possa adiar as realizações imediatas de desejo, utilizar-se d a memória, do julgamento, etc. e interpolar entre a necessidade e o desejo, o adiamento que supõe o trabalho mental envolvido.

Sabemos que, hoje, o ingresso na escola é feito muito mais precocemente, o que dá um papel importantíssimo às escolas maternais e aos jardins de infância como espaços nos quais os conhecimentos psicanalíticos podem ser de grande utilidade tanto na educação das crianças quanto na orientação das famílias.

No processo de aprendizado formal, o papel primordial cabe aos métodos pedagógicos no sentido de propiciar condições para que a aprendizagem possa ser mantida como um movimento prazeroso, no qual a motivação da criança para ter acesso ao conhecimento e a identificação com o adulto possa ser mantido. Cabe lembrar que além dos métodos pedagógicos a personalidade e a atitude do educador joga um papel primordial.

A família contemporânea também parece ter sofrido os efeitos da ilusão de que repressão era decorrente unicamente da proibição externa; querendo libertar-se dos efeitos perniciosos decorrentes das famílias de origem por vezes extremamente rigorosos e repressivos muitos pais adotaram atitudes radicalmente opostas mostrando os perigos da educação excessivamente permissiva. Falando sobre o papel dos pais na educação e os efeitos que podemos observar hoje em dia, Diatkine (in Lebovici 1970) aponta (pág. 473): "A atitude permissiva levada ao extremo, erigida em dogma, permitiu que alguns pais renunciassem, com toda tranqüilidade, provocando na criança um estado de mal-estar, com a acentuação dramática das exigências do Superego, contrastando com um enfraquecimento do ego, vinculado à perda de contato com os pais e à alteração do sentido da realidade".

Em "Novas Conferências Introdutórias (1932) Freud já alertava contra os perigos do liberalismo excessivo. Diz Freud (pág. 182): "A criança deve aprender a controlar seus instintos. É impossível conceder-lhe liberdade de pôr em prática todos os seus impulsos, sem restrição. Fazê-lo seria muito instrutivo para os psicólogos das crianças, mas a vida seria impossível para os pais e as próprias crianças sofreriam graves prejuízos..."

Vemos, assim, que é função da educação inibir e proibir. Freud acaba por considerar a inevitabilidade do educador, e coloca que o papel da psicanálise como uma tentativa de determinar "o ponto ótimo da educação, isto é, atingir o máximo com o mínimo de danos, encontrar a forma em que será mais proveitosa e menos perigosa" (1932), no entanto adverte que mesmo tal possibilidade esbarraria em outros fatores como: as diferenças individuais das crianças e também na própria personalidade do educador, para bem cumprir o seu papel. Diz Freud (ibid.):

> "... ele tem de reconhecer a individualidade constitucional da criança, inferir a partir de pequenos indícios o que está se passando na mente imatura desta, de dar-lhe a quantidade exata de amor e, ao mesmo tempo, manter um grau eficaz de autoridade. Haveríamos de dizer a nós mesmos que a única preparação eficaz para a profissão de educador é uma sólida formação psicanalítica".

Tal perspectiva acaba por nos colocar em um ponto delicado, da ilusão de poder a partir da psicanálise, revolucionar a educação. Nos vemos ante a impossível tarefa de submeter todos os educadores a um trabalho psicanalítico.

Bem, o que podemos pensar a partir destas considerações, como a psicanálise pode ser útil para a pedagogia?

1. A psicanálise pode ser útil para a pedagogia, tentando mostrar como do ponto de vista psíquico se desenvolve o processo de aprendizagem. Sabemos que, quando a criança chega à

escola, o essencial, no que se refere à capacidade de sublimação e o desejo de aprender, já está constituído. Talvez pudéssemos considerar nos dias de hoje principalmente, quando o ingresso à escola é antecipado, que o conhecimento psicanalítico pode ser extremamente útil na pré-escola, não tanto como experiência pedagógica, mas via trabalho com a família.

2. A ação do psicanalista só pode ser uma ação mediada através da higiene mental aos pais e educadores. Se é impossível uma revolução dos métodos educacionais a partir da psicanálise, talvez seja possível ajudar os educadores a perceber que, para além dos métodos pedagógicos, a personalidade do educador joga um papel importante. Assim como aponta Lebovici (1970), não existe uma equivalência entre relação educativa e educação. Isto não significa desvalorizar os princípios educativos, pois eles são importantes como parte coerente e organizada da prática educativa, mas é imprescindível levar em conta a personalidade do educador. O seu lugar como novo Ideal de Ego para a criança, lugar do qual a pedagogia se beneficia, mas dever ser advertida dos perigos deste lugar. Alguns autores também apontam para a importância da escola como um objeto transicional, um meio intermediário entre a vida familiar protegida e as exigências de autonomia da vida social adulta.

3. Talvez, outra contribuição importante seja incrementar uma sólida formação ao psicólogo escolar, para que este pudesse intermediar as questões citadas, colocando-se não como psicanalista na escola, pois este é um lugar impossível, mas como aquele que pode utilizar-se dos conhecimentos psicanalíticos, para planejar sua ação na escola ante professores, pais, alunos e a própria escola.

Bibliografia

BION, W. R.(1967) *Estudos psicanalíticos revisados*, Rio de Janeiro: Imago, 1988.

FREUD, S. *Obras Completas*, Rio de Janeiro: Zahar Editor, 1980.

_____. *Três ensaios para uma teoria sexual (1905)*. In: *Obras Completas*, Edições Standart Brasileira, Imago Editora Ltda. Rio de Janeiro, 1969.

_____. *Formulações sobre os dois princípios do funcionamento mental (1911)*. In: *Obras Completas*, Edições Standart Brasileira, Imago Editora Ltda. Rio de Janeiro, 1969.

_____. *Novas Conferências Introdutórias (1932)*. In: *Obras Completas*, Edições Standart Brasileira, Imago Editora Ltda. Rio de Janeiro, 1969.

KLEIN, M. (1921) *O desenvolvimento de uma criança*. In: *Contribuições à psicanálise*, São Paulo: Mestre Jou, 1970.

LEBOVICI, J. (1970) – *O conhecimento da criança pela psicanálise*, Rio de Janeiro: Jorge Zahar Editor, 1980.

MILLOT, C. *Freud Antipedagogo*, Rio de Janeiro: Jorge Zahar Editor, 1987.

SOUZA, SETTON A.L. – *Pensando a Inibição Intelectual*, São Paulo: Editora Casa do Psicólogo, 1995.

SPILLIUS, E. B. (editora) *Melanie Klein: Desenvolvimentos da teoria e da técnica* vol. 1. Rio de Janeiro: Imago, 1991.

WINNICOTT, D. (1979) *O ambiente e os processos de maturação: estudos sobre a teoria do desenvolvimento emocional*, Porto Alegre: Ed. Artes Médicas, 1990.

14

A EDUCAÇÃO INFANTIL NOS MEIOS DE COMUNICAÇÃO

Fernando Rossetti

Primeiro, eu gostaria de agradecer o convite do Departamento de Psicanálise da Criança para participar dessa conversa. Acredito que fui convidado para falar porque, no ano passado, escrevi um conjunto de reportagens que faziam parte de um caderno especial sobre a família brasileira, na *Folha de S. Paulo*. Estimulado pelo material que o Datafolha tinha levantado sobre a família brasileira, que mostrava uma ausência crescente da figura paterna nas famílias, tanto ricas quanto pobres, fui também investigar o que estava acontecendo com os meninos e como estava sendo a sua formação da identidade. Para fazer esta reportagem, entrevistei uma série de psicanalistas, e alguns deles inclusive estão aqui.

Mas o que vou abordar em minha fala é a educação, entendida de uma maneira bem ampla, e sua relação com os meios de comunicação. Eu trabalhei na *Folha* até fevereiro deste ano (1999), e atualmente tenho até dificuldade de definir direito o que sou profissionalmente. Mas um dos conceitos que eu uso é o de "educomunicador", que é um termo que está sendo proposto pelo Núcleo de Comunicação e Educação da Escola de Comunicações e Artes da USP. Seria um novo campo profissional no qual se reúnem competências da educação e competências da comunicação. Acho essa área fundamental hoje, e vou tentar mostrar como a educação recebe um destaque especial nos meios de comunicação. Mas eu também vou propor que profissionais como vocês, psicólogos e psicanalistas, com formação relacionada à criança, à família e à sociedade, sejam pensados como "educomunicadores".

Eu vou fazer a minha palestra em três momentos. Num primeiro momento vou falar do que está acontecendo na área educacional. Essa área está tendo uma atenção nesse fim de século, nesses últimos anos, muito importante. E como o foco aqui é criança e família, eu vou focar um pouquinho mais a educação infantil. Mas não dá para fugir e olhar só a educação infantil, pois a educação é um sistema, e a educação infantil é parte desse sistema. Em segundo lugar eu vou mostrar como os meios de comunicação estão cobrindo esse grande crescimento da área educacional. E, por último, dentro dessa minha proposta de a gente se pensar como "educomunicadores", vou analisar como funciona um jornal, qual é a lógica da produção de uma matéria de jornal, da produção de uma matéria como a que vocês leram, sobre a mudança na família, os meninos e os pais.

O *boom* da educação

Como repórter de Educação, fui "pé de página" no jornal, de 87 a 95, sempre escrevendo mais ou menos as mesmas coisas. De repente teve um *boom* e eu virei primeira página do jornal. Não que eu tenha mudado significativamente; não foi uma evolução minha, embora tenha havido uma evolução minha também. Mas o que aconteceu é que houve uma mudança conjuntural. E aí, eu acho que eu vou chover no molhado falando de todas as mudanças econômicas, sociais e políticas que vêm acontecendo nessas últimas décadas, mas o fato é que nunca se deu tanta atenção para a educação – e isso não é só no Brasil – como se dá na sociedade contemporânea.

Para vocês terem uma idéia, a Europa teve uma série de reformas educacionais: só nessa década, tanto a Inglaterra quanto a Espanha fizeram reformas profundas. Nos Estados Unidos a tentativa de organizar as *charter schools* foi muito interessante: em Nova Iorque, por exemplo, a administração escolar, que antes pertencia ao Estado, passou a ser do âmbito da comunidade, mas com recursos do governo. É uma tentativa de mudar a estrutura de organização e a estrutura de envolvimento das comunidades com a escola. Enfim, a América Latina também teve seu *boom* de reformas educacionais, no Chile, na Argentina, na Colômbia. Mas acho que temos no Brasil o melhor exemplo: desde o final da transição do regime militar para a democracia, e especialmente no momento de maior estabilidade econômica, com o fim da inflação, a área social ganhou um destaque muito grande.

A educação, até pouco tempo atrás, tinha uma administração política. O que é uma administração política? Os cargos de secretários, ministros, eram sempre negociados politicamente, e o político que ocupava o cargo não tinha a menor noção do que era educação. O maior exemplo disso é a construção de escolas, nos últimos 20, 30 anos no Brasil, sem nenhuma lógica. Numa comunidade forte, com visibilidade política para o candidato, se vê duas escolas lado a lado; entretanto há grandes extensões que não têm escola nenhuma, pois não há interesse político nessa região. O resultado disso é que há mais vagas para crianças no Brasil do que crianças em idade de freqüentar escolas. Mas ainda faltam vagas para crianças porque a construção de escolas não foi técnica, mas política.

Os "Brizolões" e os CIEPs, no Rio de Janeiro, são exemplo disso: em vez de colocar o CIEP num lugar mais agradável, todos foram construídos do lado de grandes avenidas, grandes estradas, aquela barulheira. Hoje em dia isso é exceção, há um movimento de uma administração mais política para uma administração mais técnica da área educacional, mas essa mudança pendular não está completa. O Maluf, por exemplo, a principal coisa que fez foi comprar 400 laboratórios de informática para a rede educacional de São Paulo. Só que não deu capacitação para os professores e por isso não estão sendo usados pelos alunos. Porque o que dá visibilidade política é um computador na escola, mas a educação mesmo não teve investimento nenhum.

A Constituição de 88 determina que todas as crianças de 7 a 14 anos devem ter acesso ao ensino fundamental, que é o antigo primeiro grau. Tanto o Banco Mundial quanto o Banco Interamericano de Desenvolvimento vêm discutindo qual a área que se deve priorizar para desenvolver o sistema educacional de um país e a própria sociedade e têm investido para dar conta da determinação da Constituição. Hoje em dia quase não há crianças de 7 a 14 anos sem freqüentar uma escola. Somente 4% das crianças brasileiras nessa faixa etária não estão na escola, segundo o MEC.

Houve também uma nova Lei de Diretrizes e Bases da Educação Nacional, e a criação do FUNDEF, que é uma reforma fiscal radical na distribuição de recursos da Educação, e, ainda, avaliações constantes da educação. A evolução dessas reformas culminou, em São Paulo, por exemplo, com a reorganização das escolas, do currículo, do plano de carreira do magistério, a implantação dos ciclos, etc.

O grande problema, na minha opinião, é que essa visão técnica, na verdade, teve um movimento pendular – indo de uma administração política para uma administração essencialmente técnica. Grande parte das modificações, a exemplo da reorganização das escolas, veio de cima para baixo, do governo para a escola, para a comunidade e para o aluno. Portanto, essas reformas não estão tendo a dimensão de criar espaços de interlocução com a família, com os professores, com as escolas. Essas medidas são impostas e acabam tendo uma repercussão muito mais frágil e menos duradoura do que elas poderiam ser.

A priorização do ensino fundamental aumentou o acesso de crianças de 7 a 14 anos, mas diminuiu o acesso à educação infantil em quase 2%. Parece pouco, mas considerando o número de crianças pequenas no Brasil é muito. Isso representa uma grande quantidade de crianças que deixaram de ter acesso a creches e pré-escolas. E de certa forma refletindo conhecimentos que têm sido produzidos por vocês, psicanalistas, e pela neurologia, existe um empenho muito forte da *Folha de S. Paulo* em mostrar como são importantes os primeiros anos de vida das crianças para o seu desenvolvimento. Mas a sociedade ainda não se conscientizou disso. O Nordeste, por exemplo, tem uma rede de creches gigantesca, mas essas creches são depósitos de crianças, não têm nenhum trabalho pedagógico. É muito frágil a educação infantil no Brasil. Nas escolas privadas é o oposto: uma escolarização grande demais dos primeiros anos de vida, no trabalho com as crianças. Para a elite, as crianças têm que estar prontas para fazer vestibular aos 6 anos de idade.

Enfim, o que eu estou propondo é que haja políticas educacionais que sejam fundamentadas tecnicamente, mas que sejam permeáveis a uma discussão com as escolas, que tenham uma dimensão política também.

Uma cobertura de cima para baixo

Então vamos ver como é que os meios de comunicação estão cobrindo isso. A primeira constatação é que a cobertura de educação acompanhou diretamente esse crescimento, esse *boom* de iniciativas na área educacional. A ONG Agência de Notícias dos Direitos da Infância, a ANDI, que se formou para qualificar, para melhorar a cobertura da área educacional voltada para a criança, fez uma pesquisa que mostra esse crescimento impressionante. Ela analisa os 50 principais jornais do Brasil, e conta quantas matérias sobre educação saíram. Com a mesma base de 50 jornais, no primeiro semestre de 97 havia 585 inserções sobre educação. Aí foi aumentando e, no primeiro semestre de 98, já estava em 2390. No primeiro semestre de 99 foram 3565 inserções. Então essa linha está subindo e a tendência é subir ainda mais.

O Instituto Ayrton Senna, a própria ANDI, o UNICEF, o Ministério da Educação bancaram uma pesquisa qualitativa sobre o jornalismo de educação em 97 e 98. A pesquisa da ANDI conta, todos os dias, quantas reportagens de educação saíram, é simplesmente quantitativa. Mas queríamos saber o que essas reportagens retratavam. Nessa pesquisa, conduzida pelo NEMP, o Núcleo de Estudos sobre Mídia e Política da Universidade de Brasília, foi feita uma amostra representativa do ano de 97 e do ano de 98, trabalhando com uma metodologia bem conhecida na área de análise de jornalismo que se chama "mês composto".

A primeira coisa que a pesquisa mostra é que a média de matérias nos 63 principais jornais brasileiros, em educação, é de uma matéria a cada dois dias, então ainda é muito pouco. A média da ANDI dá mais ou menos isso também, uma matéria a cada dois ou três dias hoje, depois desse crescimento impressionante. Então antes disso devia haver muito pouco. Mas, mesmo baixa, é uma média que não reflete a verdade, porque os quatro jornais de circulação nacional – *Folha, Globo, Estadão, JB* – mais o *Correio Braziliense*, que tem uma seção de educação muito boa e um impacto político muito forte, concentram 42% das reportagens de educação. Então, nos outros 58%, a média de reportagens é bem menor. Não só menor, como de qualidade inferior.

O que mais me chama a atenção na pesquisa do NEMP é que temos 2 milhões de estudantes universitários no Brasil e 54 milhões de estudantes no total; só que um terço das reportagens é sobre o ensino superior. Eu não vou entrar numa análise mais profunda, vamos ter inclusive um fórum em novembro para debater o que está acontecendo e por quê. Mas já há algumas pistas: a comunidade universitária é muito mais organizada, e tem um *lobby* forte em cima dos jornais; além disso o Ministério de Educação lançou na época o Provão, que teve muita reportagem. De qualquer meneira, o ensino superior é normalmente o assunto mais tratado.

O que me impressiona também é o fato de que os primeiros seis anos de vida da criança são fundamentais para o desenvolvimento da criança, e seria importante estar transmitindo informação para as famílias sobre isso. Mas mesmo nos jornais nacionais, que teoricamente têm uma cobertura um pouco mais elaborada sobre isso, não está aparecendo.

A *Folha* faz uma pesquisa diária com leitores que mostrou que aquela matéria que eu escrevi sobre a ausência dos pais nas famílias deu uma leitura enorme; 40% dos leitores naquele dia disseram que era a matéria mais interessante do jornal. Escrevi uma outra sobre a importância da brincadeira para o desenvolvimento das crianças que também deu uma leitura gigantesca. Mas o que se vê, em geral, é que a cobertura, na verdade, no lugar de estar aproximando o mundo da educação do leitor, está afastando, colocando a educação como uma questão distante.

Enfim, o que se percebe é que a cobertura dada à educação pelos jornais aumentou, acompanhando o aumento de iniciativas governamentais na área. Mas ela também acompanhou o foco, o jeito que se faz educação no Brasil, o jeito que se pensa, que é sempre centralizado, e não traz a família, não traz o pai e a mãe, o estudante. É até engraçado, porque os jornais já têm essa informação, com os levantamentos diários que eles fazem sobre leitura, mas eles não sabem como fazer, como mudar o jeito que estão cobrindo educação, sempre de cima para baixo.

Acadêmicos *versus* jornalistas

Vamos à terceira parte desta apresentação. Existe uma coisa que é muito importante, que é a diferença entre o mundo do jornal e o mundo acadêmico. São mundos muito diferentes e, em geral, quando um jornalista entra em contato com um de vocês, educadores ou psicanalistas, ele tem uma rede de significação tão diferente que a conversa fica complicada.

Primeiro, no nosso mundo – e hoje eu me coloco mais no mundo acadêmico do que no mundo do jornalismo – a gente trabalha com a idéia do livro, da obra, da referência. Uma pessoa fica anos fazendo uma tese de doutorado e aquela é a obra da vida dele. Já a imagem que se forma a respeito de um jornalista é pela freqüência e não pela obra. Você provavelmente não se lembra de uma matéria específica que o Gilberto Dimenstein, por exemplo, escreveu. Mas você sente que o conhece pela freqüência com que escreve.

Segundo, o jornalista não escreve para os pares dele, ele escreve para todo mundo. A gente brinca no jornal com o "teste do boy": o jornalista está escrevendo sobre psicanálise, por exemplo, aí chama o boy e pede "dá uma lida aqui na matéria e me explica o que eu escrevi". Se ele entendeu, todo mundo vai entender. E não é brincadeira, a gente tem que fazer isso. Então, a minha principal dica para quem dá entrevistas, para quem trabalha com a imprensa, é o próprio entrevistado fazer a simplificação, e traduzir os conceitos da sua área para um conceito cotidiano, que integre o imaginário, como se você estivesse explicando para uma criança.

A segunda coisa é que o jornal tem uma limitação de espaço muito séria, costumamos brincar que o jornalista preenche os espaços vazios que sobram entre os anúncios. É verdade. A *Folha*, por exemplo, exige que os jornalistas escrevam parágrafos de no máximo 7 linhas de coluna. É uma estrutura que dirige o seu pensamento e o jeito de escrever. E isso explica inclusive que muitas vezes vocês dão uma série de entrevistas e o seu nome não aparece, porque o jornalista tem um espaço pequeno, e é mais importante citar a idéia do que quem deu a idéia. Assim, o importante é dar respostas curtas e simples.

Outra questão é que o jornalista trabalha muito rápido e, de novo, é o inverso do trabalho acadêmico. O Caderno Família foi uma exceção absoluta, pois trabalhamos uns bons meses nele. Para uma reportagem comum, leva-se apenas um dia ou apenas algumas horas. E a escrita, propriamente dita, é uma coisa muito rápida, não tem elaboração no texto. E o título, que todo mundo reclama, tem que ser dado em minutos.

Dar título é como escrever um hai-kai, porque você tem que definir uma matéria num espaço que é predefinido, com um número de toques, usando um verbo no meio. Por isso há as pessoas especializadas no jornal, que são os redatores, que vão dar o título sobre a matéria do jornalista. Mas muitas vezes o título não bate com a matéria, pois ele não conseguiu captar o essencial do que foi escrito, pela escassez do tempo. Ou, para explicar um conceito, por exemplo, ele não tem espaço e ele tem pouco tempo, então evidentemente o cara vai usar palavras que não são conceituais, que não são do mundo de quem deu a entrevista, ele vai usar palavras que batem no imaginário, ele tentará sensibilizar o leitor para aquela realidade.

O jornalista também vai muitas vezes querer falar, fazer a entrevista por telefone, pois está fazendo 2, 3 matérias naquele dia, e vai ter pouco tempo para escrever. Enfim, o meu conselho é que o entrevistado tem que ser muito didático com o jornalista. E é importante ressaltar que esses não são problemas da *Folha*, acontece no *The New York Times*, no *Washington Post*, no *Independent*, na *Folha*, no *Estado*, no *Notícias Populares*. Isso é uma realidade do mundo do jornalismo e é preciso estar consciente disso tanto na hora em que você está lendo esse objeto de transmissão de informações quanto na hora em que você está participando da produção dele.

Um último dado importante sobre como é feito um jornal é que o jornalista que trabalha com educação, saúde, psicologia, psicanálise, etc. é muito freqüentemente um generalista. Costuma-se dizer que o jornalista sabe um pouco sobre um monte de coisas e muito sobre quase nada. Hoje em dia há uma tendência de especialização, mas ele é e sempre será um generalista, pela própria natureza de seu trabalho. Além disso, os jornalistas que cobrem essas áreas, como educação e psicanálise, são novos, recém-formados. E assim têm pouca experiência, um repertório pequeno. Como regra geral, eu diria que é muito mais por ignorância do que por má-fé que se escrevem coisas erradas e mal informadas no jornal. Os jornalistas são novos, estão correndo, não têm tempo, não têm espaço e têm pouca experiência de vida. Aliás, a única coisa boa de ficar mais velho é que você tem mais experiência.

Nós, "educomunicadores"

Enfim, há um movimento impressionante na sociedade, de destaque à educação, e isso provoca um movimento muito parecido na mídia. Para contribuir com isso, eu acho que todos nós temos que nos ver no papel de educador dos meios de comunicação. Se você dá uma entrevista e não saiu legal, liga para o jornalista e fala "olha, não saiu legal por causa disso, disso e disso, você podia ter tratado disso...". Porque, do contrário ele vai continuar a cometer os mesmos erros. A primeira vez que ele escreve sai errado. Se você conversar com ele de novo, da segunda vez sai melhor. Se a reportagem sai boa, liga para elogiar. A gente, que está aqui, tem uma visão mais consistente do que é a criança, como é que ela se desenvolve, do que é uma escola, a importância da família, a relação da família com a escola, por isso eu acho que a gente deve se encarar como *educomunicadores*, isto é, devemos estar preocupados em qualificar as informações veiculadas pelo jornal. A universidade tem a sua responsabilidade, o governo tem a sua responsabilidade, os meios de comunicação, a sua, mas eu acho que nós, profissionais liberais que trabalhamos nessa área, também temos uma importância grande, pois é essa a principal fonte de informações sobre educação que a sociedade brasileira está recebendo hoje.

15

DEBATE

Público

Eu queria fazer três pequenas colocações e uma pergunta. Eu trabalho na escola pública e achei interessante quando você falou das mudanças políticas, Rossetti, mas fiquei pensando nos efeitos que essas mudanças políticas têm produzido na rede pública... eu até brinco dizendo que eu adoraria que essas mudanças políticas, mesmo sendo de cima para baixo e tão arbitrárias, fossem para todo mundo, porque se pegasse a classe média e a classe alta, talvez a gente tivesse mais condições de ir contra elas. Mas na realidade a escola pública tem produzido quartas séries que tem conteúdo de alfabetização, e falas do tipo: "bom, eu tenho uma doença, essa doença se chama idade mental, mas quando eu não tiver mais essa doença eu volto a aprender". Isso porque escutou na porta da psicóloga o resultado do teste ou alguma coisa assim. Outra coisa que eu queria dizer é que a média do tempo na escola atualmente é de 8 anos e meio no Brasil: é muito tempo que os estudantes ficam na escola. São 8 anos e meio, mas eles saem semi-analfabetos, se é que se pode falar assim hoje dentro da teoria do construtivismo, mas quase que só sabem ler e escrever. Por que essas crianças não aprendem? Então eu pensei que ainda domina na rede pública a teoria da carência cultural. Não aprende porque não tem estímulo, porque é pobre, porque a família é desestruturada, porque os pais são alcoólatras. A gente sabe que não é isso, porque outras crianças que têm essa mesma situação aprendem. E a gente sabe que o grande problema é que as crianças chegam à escola e o que a escola faz com isso? A escola profetiza que uma criança nessas condições não vai aprender e a gente sabe que profecia é uma das coisas mais eficientes que a gente faz em relação à nossa vida: não vai dar certo, não dá certo. E não é por maldade essa profecia, é por impotência, é por desconhecimento, é por preconceito. Eu acho que na escola particular talvez não domine a teoria da carência cultural, mas a da carência do ideal. Não sei discutir muito isso. Acho perigosa a mídia. Você falou do Dimenstein e eu fiquei muito revoltada há uns 2 anos atrás, quando eu li reportagens do tipo "a criança com depressão", "a criança hiperativa", "olha as novas soluções e os novos pensamentos", e o perigo do efeito de uma reportagem dessa que nos faz parar de pensar os mecanismos institucionais que produzem ou que intensificam essas questões, e nos remetem a novas medicações e a novas coisas que podem ser feitas com essa criança, vinda de um profissional como ele que sem dúvida nos alerta tantas coisas interessantes. Essas são as colocações. O que eu gostaria de perguntar para os profissionais da mesa é o que tem exigido uma mudança na função da escola, do ponto de vista de vocês. E essa função da escola que tem se alterado tanto, como os profissionais vêem a possibilidade de inserção do psicólogo em relação a essas mudanças da função da escola nos dias de hoje. E quando eu digo mudança da função, eu até estou priorizando um pouco esse tema da inclusão, de se manter a diferença como diferença, que é uma coisa como você colocou no início da sua fala. A diferença sempre foi categorizada, era qualidade ou defeito, agora não, agora se pensa de uma outra forma. Então eu só queria ouvir um pouquinho em relação a essa mudança de função atual. O que, do ponto de vista de vocês, tem produzido essa necessidade de mudança de função da escola.

Maria de Fátima

Eu não penso que haja uma exigência de mudança de função. Ela aparece como conseqüência. O espaço escola reflete uma sociedade, reflete um funcionamento social. Então, existe uma movimentação que vai surgindo ao longo de muitos anos até ocorrer uma mudança visível. Eu não vejo que carece de uma função diferente, mas ela aparece, com função diferente porque mudou a família; a constituição familiar mudou: quem é o provedor, quem vai cuidar das crianças e como isso vai ser feito. A situação político-econômica mudou e isso provoca efeitos que aparecem na educação. A escola vem mudando suas funções e inclusive chega a perder sua identidade quando não sabe transmitir quem ela quer formar. Se pensarmos um pouco, a escola tem muitos procedimentos para formar cientistas. Você fala de escola pública, desses mal-alfabetizados que vão passando de ano e chegam à 4ª série sem dominar a leitura e a escrita. Eu perguntaria se estas pessoas sabem falar, se conseguem dizer o que viram e ouviram e se sabem discutir a respeito disso. Estou me referindo a uma avaliação do que eles sabem fazer. Querer levar este mundo científico para todos os universos e querer que todos tenham o mesmo domínio seria no mínimo uma pretensão sem sentido. O que o mundo faria com 100% de cientistas? A mudança de metodologias é a busca de solução para os problemas vigentes. O construtivismo que você citou é a tentativa atual de uma prática que possa dar destino às diferenças. Querer que todos sejam acadêmicos é questionável, para não dizer impossível. Sendo assim, por que só avaliar o sucesso ou o fracasso através dessas competências?

Audrey

Eu fico me perguntando, o que você está querendo dizer com nova função da escola, pois eu acho que a função da escola continua sendo ensinar. Veja, a gente pode discutir as várias possibilidades do ensinar. Assim como eu acho que a função do psicanalista continua sendo psicanalisar, a função do jornalista continua sendo informar. O que eu acho, sim, que precisa ser discutido, é como exercer essa função, quer dizer como poder exercer a função de ensinar, e como poder ajudar aqueles que estão responsáveis por essa função, para que eles possam bem realizar essa função. Aí sim, aí cabe aqueles que podem, de alguma forma, ter uma interlocução com essas pessoas, ajudá-los a bem ensinar, vamos dizer assim. Assim como um psicanalista não pode entrar na escola e ser psicanalista na escola, eu também acho que ele pode de alguma forma ajudar a escola a compreender o que é um aluno que não aprende, assim como ele pode também ter uma dimensão política, como se usa essa questão do aluno que não aprende. Mas eu acho que a gente tem que ter claro que são funções diferentes, a função de ensinar, a função de psicanalisar, a função de informar. E sim nós temos que ter muito cuidado ao ajudar essas pessoas e eu acho que hoje, aqui nesse evento, nós tivemos vários pedidos: tem o pedido do Fernando, "por favor dêem entrevistas assim, ajudem os jornalistas a informar", tem o pedido do padre Lancelotti que diz "por favor, vocês como psicanalistas nos ajudem". Eu acho que isso sim, isso é possível. Tem o pedido da Fátima também: "mas o que que faz que a criança não consiga pensar?" Então nós podemos ajudar a bem exercer essa função. Bem exercer já é uma utopia, mas de alguma forma ajudar a exercer um pouco melhor essa função. Mas eu acho que a função não é nova, a função continua a mesma, assim como a função do pai continua a mesma. Nós podemos ajudá-lo a exercer essa função melhor.

Fernando

Eu queria comentar algo que eu acho muito interessante que me veio à lembrança, baseado no que a Fátima colocou. Sabe de onde vem a palavra "aluno"? Vem de *a*, que é sem, *lumni*. Quer dizer, "sem luz". E o iluminado é o professor que dá a luz do conhecimento para o a-luno. A grande transformação que está acontecendo hoje é neste conceito, e isso implica uma mudança de relação de poder... não digo mudança gigantesca, na verdade. Então quando você me pergunta sobre as políticas, o tempo da educação se mede em gerações. O que a gente está fazendo hoje vai ter resultado daqui a 25 anos. As faculdades de educação mal começaram a rever o seu jeito de formar os professores. E o crucial para melhorar a educação, para ver se as crianças estão aprendendo, é a formação dos professores, pura e simples. Vai levar uma geração de professores para você ter uma mudança significativa na educação brasileira.

Público

Eu gostaria de saber da Maria de Fátima em relação ao fato de que a escola, há uns 50 anos atrás, nas classes havia fila A, fila B, fila C. Depois, há uns 30 anos, eram as classes diferenciadas. E hoje a criança fica numa mesma classe, pelo menos até a quarta série. Não tem reprovação, só que muitas chegam à terceira série e não estão alfabetizadas, nem sequer lêem ou lêem mal e muito menos conseguem escrever. Pelo que eu sei essas crianças com maior dificuldade ficam numa mesma classe que os demais, geralmente formando um grupinho pequeno ao "Deus-dará", porque a professora não tem como atendê-los e continuar com a maioria, dando a atenção que eles precisam. Essas crianças então ficam lá fazendo nada, passando de série em série e aumentando a sua defasagem de aprendizagem e acho que acabam representando um lugar nulo em comparação com a classe. O que a psicopedagogia propõe como trabalho para as escolas, a fim de minimizar situações como esta?

Maria de Fátima

Primeiro, gostaria de frisar que o universo da escola pública não faz parte da minha experiência. Entretanto, devo dizer que o campo da psicopedagogia dinâmica não é introduzir metodologias em sala de aula. Nosso trabalho clínico consiste na análise de capacidades que a criança tem à disposição para desenvolver e se estão atualizadas e o que estaria impedindo seu processo de aprendizagem. Na instituição, a análise dos diversos grupos ali existentes indicaria obstáculos que estariam prejudicando a realização das atividades escolares.

Público

Eu acho que a questão é a seguinte: a psicopedagogia diz que não se pode separar essas crianças, porque seria ruim para elas. Entretanto, o fato de elas ficarem nesta situação não é muito pior?

Maria de Fátima

Primeiro, devemos considerar que a decisão de aprovar todas as crianças não veio dos professores e isso gera um problema sério porque as crianças que não aprendiam vão aprender menos ainda. O professor que não teve acesso a essa reflexão nem entende bem essa proposta foi deixado de lado e pode conduzir assim: "Não fui eu que resolvi, eles não aprendem e eu não tenho nada a fazer". O que eu dizia no início da apresentação sobre a relação vincular necessária na aprendizagem está cortada antes de começar. Analisando bem, não pode ser verdade que essas crianças não aprendem nada até a 4ª série. Há uma falha: elas não estão sendo atendidas. Com esses elementos, a análise pontual a respeito dessa falta de atendimento se torna difícil, mas verifiquemos o seguinte: desde o vínculo, posso inferir a falta de crédito dado à capacidade intelectual desses alunos. Foi dito que o problema é a idade mental. No momento em que esta resposta foi dada, a tentativa de investir nessas crianças se extinguiu. Ela serve para não se fazer mais nada. Verificar suas habilidades, explorar o pensamento que ela é capaz de desenvolver deveria ser a tarefa dos professores a partir dos diferentes desempenhos dos alunos. O papel de quem ensina e de quem aprende deve conter permanentemente a disposição de fazer e de produzir. Deixar esse aluno de lado é abandono.

Público

Eu queria perguntar para a Fátima também: você falou da aprendizagem formal e da outra aprendizagem informal, e que a aprendizagem formal está tendo uma distância muito grande da aprendizagem informal, em que se aprende muito mais, se tem muito mais informação. E a gente vê que na aprendizagem formal, parece que a escola está correndo atrás da criançada. A criançada já está lá na frente. Nesses dias eu ouvi uma criança falando assim: "meus amiguinhos já estão todos trepando e agora eles começaram a falar de educação sexual na escola". E outras questões que a gente vai vendo que a escola vai muito a reboque das questões. E a educação informal, por outro lado – a mídia e as experiências na vida – levando, puxando essas crianças muito para a frente. Então parece que há um vazio entre essa questão do formal e do informal. E aí me parece que é uma questão que nós como educadorres, psicoterapeutas e psicopedagogos, estaríamos ocupando esse lugar em que está esse vazio, esse buraco. Eu queria saber um pouco o que aparece na psicopedagogia que eu acho que está no informal, você não está trabalhando na aprendizagem formal, até suprindo aquilo, mas de alguma forma você vem como esse outro de fora.

Maria de Fátima

Eu não entendi o que você quis dizer com *espaço vazio que fica ocupado pelo analista ou por outro profissional...*

Público

É porque a família não está dando conta disso mais. Tem a aprendizagem formal que está muito atrás daquilo e a informal que está muito na frente, e a família meio perdida nesse buraco aí. Parece que a gente entra um pouco nesse lugar, onde vai fazer esse *link*, talvez, entre o formal e o informal, que está assim muito solto, está meio caótico.

Maria de Fátima

Pensando nesse exemplo que você deu, da criança que fala da experiência sexual de amigos, podemos perguntar: a quem está destinado esse conteúdo? Este tema faz parte do conteúdo formal ou informal? Deveria estar sendo dirigido ao analista, aos pais, aos amigos ou professores? Quem deveria tratar desse assunto? Isso me faz observar a criança que temos hoje em dia. Uma das mudanças significativas é que ela fala o que pensa e fala para valer. Eu costumo dizer que demos voz a elas e agora temos que escutá-las. Muitas vezes, não sabemos escutar. A fala pode surpreender e paralisar o adulto: Como ela foi dizer uma coisa dessas? Como já foi dito, existe uma quantidade enorme de informação passada por vários meios. Diversos assuntos são comentados na frente das crianças, e isso há pouco tempo atrás não ocorria. Ligam a televisão e escutam coisas que em parte entendem e juntam ou desconsideram formando o seu entendimento sobre o mundo. Na escola, o conteúdo transmitido é planejado mas a informalidade também aparece. O que a criança quer saber e pergunta sai do previsto. Na clínica psicopedagógica aparece a criança inteira. Não vem só a parte "aluno". Eles falam deles, da escola, dos amigos e professores, da família. O que caracteriza o trabalho psicopedagógico é que focalizamos o pensamento, como as idéias foram organizadas e que solução foi encontrada. O conteúdo que é trazido é aquele que a criança confia que possamos ouvir. A diferença é o que fazemos com o que escutamos.

Audrey

Eu queria problematizar um pouquinho essa questão que está sendo colocada, porque eu fiquei pensando nessa questão dessa criança que recebe tantas informações e que sabe tantas coisas, e pensando nisso e a questão do pensamento e da aprendizagem, eu fiquei me perguntando se a criança, e mais que a criança, se as pessoas em geral hoje em dia sabem de verdade tantas coisas e pensam de verdade a respeito das tantas coisas nas quais elas estão incluídas. Ou se na verdade o que a gente tem visto é uma profusão de informações mas uma incapacidade da criança, do adulto, de nós todos, de pensar de verdade sobre todas essas informações. Talvez esteja aí a questão que você coloca do buraco, porque as informações de fato, nós temos milhares de informações. Mas a gente tem permitido que as crianças pensem sobre essas informações que elas estão recebendo? A gente permite que elas se aprofundem nesses conhecimentos que elas estão recebendo? A gente está disponível, como psicanalista, como professor, sei lá, para junto com a criança, ajudá-la a se aprofundar nesse conhecimento? Eu acho que é a questão mais importante, mesmo. Eu estou só problematizando, mas eu acho que é uma questão a se pensar.

Público

Eu ia pedir para você, Fernando, falar um pouquinho do *Projeto Aprendiz*. Eu fui convidar você para vir aqui e fiquei encantada com o projeto, sobre o qual eu já tinha lido algumas coisas no jornal, pelo Gilberto Dimenstein. E muita gente me perguntou, pois eu mostrei tanto entusiasmo e muita gente que está aqui presente tinha me perguntado se você ia falar alguma coisa sobre isso.

Fernando

Ele entra exatamente no conceito que você está colocando, só que a gente trabalha com jovens – jovem entendido aí de 13-14 anos até 24-25 anos, mas basicamente focado no ensino médio. A missão do *Projeto Aprendiz*, que é uma ONG, é inventar novas relações de ensino e aprendizagem para jovens, porque o ensino médio está chato, está todo compartimentalizado – química, física, biologia... eles têm cadeira de cidadania hoje na escola e o mundo real, tudo é misturado. E o que as pesquisas que o MEC tem feito com jovens, no final do ensino médio – antigo segundo grau – omostram que os alunos aprendem pouco na escola e o pouco que aprendem, eles não sabem aplicar à vida real. Eles sabem resolver uma equação de primeiro grau, mas não sabem como aplicar o conhecimento no dia-a-dia. E lá a gente faz pesquisa sobre como fazer um ensino mais legal para jovens, e a idéia é... as escolas particulares, de elite, já estão trabalhando muito com um conceito que chama *projeto*: que é você desenvolver fazeres na escola e através desses fazeres, por meio deles, você articula os vários conteúdos curriculares que teriam que ser trabalhados na escola. O fazer que a gente trabalha no *Projeto Aprendiz*, que a gente pesquisa, é o fazer comunicação. Então a gente trabalha com o conceito de educação pela comunicação, que é colocar jovens fazendo internet, fazendo televisão, fazendo rádio, fazendo homepages, fazendo jornalzinho. E o *Aprendiz* cresceu muito rápido, hoje é uma organização que está com uns 85 estudantes, tem uns 25 profissionais contratados, tem uns 20 voluntários, uns 10 professores cedidos por escola, é uma espécie de mídia-lab, eu diria, um lugar em que se faz pesquisa de novas tecnologias usadas, aplicadas à educação. E a gente tem uma homepage que é o *www.aprendiz.com.br*, que é uma homepage muito legal em que a gente trabalha três assuntos: educação, cidadania – como articular a cidadania à educação –, e um conceito que a gente usa que chama "trabalhabilidade", que é o que te torna mais trabalhável, uma pessoa que "descola" melhor na sociedade. Esses são os três conceitos que são articulados dentro desse fazer comunicação. O jovem adora comunicação, e a comunicação é um instrumento bárbaro para articular os conteúdos curriculares do ensino médio. A idéia é: desenvolver o que a gente chama tecnologias sociais, que possam ser disseminadas em redes públicas. Então a gente faz a pesquisa, tenta formatar um jeito de trabalhar, monta um programa de capacitação de professores, currículo, coisa assim, e joga para as escolas. É isso o *Aprendiz*.

Público

Devido ao êxito do evento aqui do Sedes eu tenho uma proposta para os responsáveis pelos próximos eventos, e pensando em comunicação – uma das últimas palavras que o Fernando Rossetti falou agora – é o seguinte. Quando ele falou na dificuldade na linguagem que é trocada entre o jornalista e o psicanalista eu pensei: que se dirá da dificuldade na linguagem trocada entre um psicanalista e um profissional publicitário, que são criadores e veiculadores de inúmeros recados derramados e enfiados nas massas. O poder da publicidade na manipulação de mentes. Eu proponho que seja trazido, nos próximos eventos, um publicitário aqui. Eu acho que vai dar bastante problematização.

Fernando

Sobre toda essa discussão da violência nas escolas e a influência sobre as crianças da violência na televisão, a Beth Carmona, que é uma pessoa muito legal da Net Televisão, fala: "Tem violência maior na televisão, para um país como o Brasil, um país pobre, do que uma televisão que fica falando: compra, compra, compra?" Me impressionou muito porque realmente é uma enorme violência.

Dos autores

- **Audrey Setton Lopes de Souza**
  Psicóloga; Psicanalista; Mestre em Psicologia Clínica (PUC/SP); Doutora em Psicologia Escolar e do Desenvolvimento Humano (USP/SP); Professora do Curso de Psicanálise da Criança (Sedes); Professora do Instituto de Psicologia (USP/SP); Autora do livro *Pensando a Inibição Intelectual* – ed. Casa do Psicólogo.

- **Bernardo Tanis**
  Psicanalista; Mestre e Doutorando em Psicologia Clínica (PUC/SP); Professor do Curso de Psicanálise da Criança (Sedes); Professor do Curso de Especialização – Teoria Psicanalítica (Cogeae-PUC); Autor do livro *Memória e Temporalidade* – ed. Casa do Psicólogo.

- **Fernando Rossetti**
  Formado em Ciências Sociais (Unicamp); Jornalista da *Folha de S. Paulo* – 12 anos – cobrindo a área de Educação e Ciência; Curso na Columbia University – "Human Rights Avocates Training Program"; Instituto Ayrton Senna; Projeto Aprendiz.

- **Isabel da Silva Kahn Marin**
  Psicóloga; Psicanalista; Doutoranda em Psicologia Clínica; Pesquisadora do Laboratório de Psicopatologia Fundamental do Programa de Estudos Pós-graduados em Psicologia Clínica (PUC/

SP); Professora e supervisora da Faculdade de Psicologia da PUC/
SP nas áreas de Psicoprofilaxia na Infância e Terapia de Casal e
Família; Supervisora de profissionais que trabalham em Hospitais, Instituições Educacionais e nas Varas de Infância e Juventude e/ou Família; Autora do livro *Febem, Família e Identidade.
O lugar do Outro* – ed. Escuta; Autora do Capítulo "Instituições
e Violência, Violência e Instituições", in: *Adolescência pelos
Caminhos da Violência* Organizado por David Leo Levisky – ed.
Casa do Psicólogo.

- **Leonardo M. Posternak**
  Médico pela Universidade de Buenos Aires; Membro eletivo
  do Conselho do CEAF – Centro de Estudos e Assistência à
  Família; Membro do Departamento de Pediatria do Hospital
  Israelita Albert Einstein; Autor do livro *E agora o que fazer? –
  A difícil arte de criar os filhos*.

- **Maria Cecília Mazzilli Comparato**
  Mestre em Psicologia Clínica pela PUC/SP; Curso de um ano
  como Psicóloga, East Lansing University – USA – "Educação
  da juventude"; Psicóloga do Serviço Social de Menores durante 4 anos; Psicanalista; Professora e supervisora do Departamento de Psicanálise da Criança do Instituto Sedes
  Sapientiae.

- **Maria de Fátima Marques Gola**
  Psicóloga, atuando em psicopedagogia após formação com Ana
  Maria Rodrigues Muniz; ex-professora da Escola Vera Cruz e
  do Curso de Pós-graduação em Psicopedagogia da UNIP; Desenvolve trabalho Clínico, supervisiona orientadores escolares e oferece cursos de formação em Psicopedagogia Clínica.

- **Maria Lygia Quartin de Moraes**
  Socióloga, com curso de Pós-graduação na França e no Chile;
  Doutora em Ciência Política pela USP/SP; Livre-docente pela
  Unicamp; Especialista em Sociologia Clássica e Pesquisadora
  das áreas de estudos sobre Movimentos Sociais, Direitos Humanos e Famíla; publicou vários livros e artigos no Brasil e exterior; Professora e Chefe do Departamento de Sociologia da
  Unicamp e pesquisadora do Centro de Estudos Gênero Pagú.

- **Maria Rita Kehl**
  Doutora em Psicanálise pelo Departamento de Psicologia Clínica da PUC/SP; Conferencista, ensaísta e poeta; Participação na Imprensa desde 1974 com artigos sobre Cultura, Comportamento, Literatura, Cinema e Psicanálise; Autora de ensaios em diversas coletâneas e dos seguintes livros individuais: A *Mínima diferença-o masculino e o feminino na cultura* (ensaios) ed. Imago, *Deslocamentos do Feminino: A mulher freudiana passagem para a modernidade.* ed. Imago; poesia: *Imprevisão do Tempo* ed. Pindaíba, *O amor é uma droga pesada* ed. Vertente., *Processos primários* Estação Liberdade.

- **Padre Júlio Lancelotti**
  Pastoral do Menor; Vigário do Povo da Rua; Responsável pelas "Casa Vida" – Membro do Centro de Defesa da Criança e do Adolescente.

- **Wagner Ranña**
  Médico pela USP/SP; Especialização e Mestrado em Pediatria pela FMUSP; Psicoterapeuta; Médico Assistente-Docente do Serviço de Psiquiatria e Psicologia do ICR (Instituto da Criança) do HC FMUSP; Docente do Curso de Psicossomática do Instituto Sedes Sapientiae; Vários trabalhos publicados sobre aspectos Psicossomáticos, Pediátricos e Psicanalíticos.